# Eiscreme

Rose Marie Dähncke

# Eiscreme

## unübertrefflich selbst gemacht

AT Verlag Aarau · Stuttgart

3. Auflage 1988


AT Verlag Aarau (Schweiz)

Umschlagfoto: Evelyne König, Zürich
Umschlaggestaltung: AT Grafik
Styling und Fotos: Atelier König, Zürich
Grafik: Atelier zur Halde, Aarau
Herstellung: Grafische Betriebe Aargauer Tagblatt AG, Aarau

Printed in Switzerland

ISBN 3-85502-163-5

# Wissenswertes über Eiscreme

Lieblich aromatisiertes, verführerisch duftendes, zartfarbiges Gefrorenes, begehrtes Naschwerk der Kinder und in verfeinerter Form Verwöhnspeise anspruchsvoller Feinschmecker, gibt es in allen Ländern. Überall hat es seinen festen Namen und durch Nachahmung fremder Küchen (z. B. der französischen) manchmal auch mehrere verschiedene Bezeichnungen. Je nach Beschaffenheit oder raffinierter Weiterverarbeitung, ob zum Essen oder zum Trinken, kann man es anders nennen, aber Grundbedingung bleibt, dass die Masse gefroren ist. Da selbst in den deutschsprachigen Ländern unterschiedliche Namen herrschen (Glace, Eis, Parfait, Halbgefrorenes, Soufflé, Soft-Eis, Sorbet, Schaumeis), einigen wir uns in diesem Buch auf die Bezeichnung «Eiscreme» und meinen damit ein Speiseeis von sahnig-cremiger Beschaffenheit, vollmundig, auf der Zunge schmeichelnd zergehend, das so, wie es aus dem Kühlfach kommt, gegessen werden oder zur Weiterverarbeitung für Eisspezialitäten benutzt werden kann.

Haben Sie schon gewusst, dass man aus einem Ei mit etwas Zucker und Vanillearoma (oder anderen Geschmacksstoffen) 4–5 Portionen köstlicher Eiscreme machen kann? Oder aus einem Eiweiss mit zwei Esslöffeln fruchtiger Marmelade? Dass man keine Maschine dazu braucht und es keinen Trick gibt, den nur der Fachmann kennt? Ich wusste es lange auch nicht und kann mir nicht erklären, warum meine einfache Art der Eiscreme-Bereitung bisher nicht erkannt und bekannt wurde, bei der Misserfolge ausgeschlossen sind und jede Eiscreme-Sorte reiner und feiner schmeckt, als man es jemals vorher erlebt hat. Nur weil ich hier auf der «einsamen Insel» auf meine Vorliebe für ein paar Eisköstlichkeiten nicht verzichten wollte, beschäftigte ich mich so eingehend mit der Materie und entdeckte bald, dass nichts einfacher ist, als Eiscreme herzustellen, und dass es für die Erfolgsgarantie nur ein einziges kleines Geheimnis gibt, das ich auf S. 10 genau erkläre.

Eiscreme wird selbst machen wollen, wer genau wissen will, woraus sie besteht; sei es aus gesundheitlichen Gründen oder aus Vorliebe zu reinen Zutaten. Und Eiscreme wird auch selbst machen, wer rechnet, weil er sie aus besten Zutaten billiger herstellen als aus minderwertigen fertig kaufen kann.

**Eiscreme als vollwertiges Nahrungsmittel**

Eiscreme, die allgemein als Naschwerk oder Luxusspeise angesehen wird, kann auch von anderer Seite betrachtet werden: Bei Verwendung reiner Zutaten (Milch, Eier, Früchte) ist sie ein vollwertiges Nahrungsmittel. Sie kann durch die unterschiedlichen Herstellungsmöglichkeiten auf alle Erfordernisse ausgerichtet werden: als Stärkungsmittel für Kranke oder appetitlose Kinder, dann wird man nahrhafte Grundstoffe wählen wie Sahne und Eier; aber auch für kalorienarme Diät, wo Magermilch oder Eiweiss das Ausgangsmaterial bilden. Strenge Zuckergegner werden zum Süssen Honig oder Ahornsirup benutzen. Mit künstlichem Süssstoff kann dann gesüsst werden, wenn der Zucker nicht zum Gelieren von Früchten eingesetzt wird. Notfalls können künstlich gesüsste Früchte mit etwas Mondamin oder Kartoffelmehl angedickt werden, damit sich der Saft nicht am Boden der Eiscreme absetzt. Vom Nährwert einmal ganz abgesehen, ist langsam und vernünftig gegessene Eiscreme ein hervorragendes Mittel, um den erhitzten Körper schnell und nachhaltig abzukühlen. Viel bekannter und gebräuchlicher ist es, bei Kälte den Körper durch ein heisses Getränk zu erwärmen, aber dass man diese innere Wirkung der Eiscreme nutzen kann, um an heissen Tagen das Wohlbefinden rasch wieder herzustellen, wird kaum beachtet.

**Macht Eiscreme viel Arbeit?**

Eiscreme macht weniger Arbeit als ein Pudding, weil bei den meisten Rezepten das Erhitzen wegfällt. Lediglich das Cremigrühren von Eigelben im Wasserbad mit nachfolgendem Auskühlen braucht etwas Zeit. Es sollte jedoch nicht vergessen werden, dass sich die Zeitersparnis erst dann voll auswirkt, wenn bei wiederholten Anlässen die Eiscreme einfach aus dem Kühlfach genommen werden kann, ohne dass sie dann Arbeit macht. Sie ist lagerfähig und immer zur Hand, wenn sie gebraucht wird. Was meine Rezepte so interessant macht und was fast unglaubhaft erscheinen muss, weil es in allen Büchern gegenteilig angegeben wird, ist, dass die Crememasse während des Gefrierens im Kühlfach nicht ein einziges Mal gerührt werden muss und dennoch die ideale Eiscreme ergibt.

**Gleiche Rezeptgrundlage – gleiche Ausbeute**

Die Rezepte sind durchweg auf 100 Gramm Zucker (pur oder in anderen Zutaten wie Marmelade enthalten) aufgebaut, zu dem je nach Wahl 250 ccm (= ¼ l) Sahne zugegeben werden oder 250 ccm Milch oder 3 Eier oder 100 Gramm Quark. Die Masse wird sich bis auf etwa 900 ccm (das ist ein Normschlagbecher S. 27 fast voll) aufschlagen lassen und ergibt in gefrorenem Zustand etwa 15 Portionskugeln Eiscreme. Erreicht die Eigelbschlagmischung die Menge von 900 ccm nicht, so kann mit gesüsstem steifem Eischnee verlängert werden, wenn das Aroma stark genug ist. (Eischnee fällt jedoch zusammen, wenn er mit Milchprodukten wie flüssiger Sahne oder Quark vermischt wird.)

**Gewichte und Flüssigkeitsmengen**

Die Rezepte aus Sahne und Milch gehen von 250 ccm aus, das sind auch 250 Gramm oder 1/4 Liter oder etwa zweimal der Inhalt einer normalen Kaffeetasse. Auf die genaue Einhaltung der Rezeptmengen kommt es nicht an; eine kleine Abweichung gefährdet den Erfolg nicht.

**Was braucht man an Geräten**

Grundbedingung für die Eiscreme-Bereitung ist eine Kühltruhe oder ein Gefrierfach im Kühlschrank. Früher wurde der Behälter mit der Eiscreme-Masse zum Gefrieren in einen grösseren Kübel mit zerschlagenem und mit Viehsalz vermischtem Eis gesetzt, aber das wäre heute wohl nur noch ein Notbehelf. Für häufige Eisbereitung ist ein einfaches elektrisches Rührgerät (S. 27) zu empfehlen sowie ein Messbecher. Zum portionsweisen Einfrieren sind alle Plastikkleinbehälter mit Deckel (gegen Austrocknen) oder auch Joghurt- und Margarinebecher o. ä. geeignet. Grössere Vorratsbehälter wählt man in viereckiger platzsparender Form und nicht höher als 5 cm, weil die Masse darin schneller gefriert. Ein Portionierer verhilft zu gleich grossen und optisch hübschen Eiscreme-Kugeln.

**Gefrierdauer**

Nach 3–5 Stunden ist die Creme angefroren und als weiche Eiscreme zu verwenden. Diese Beschaffenheit ist auch gerade richtig, wenn noch Konfitüre oder eine geschmacklich und farblich abweichende Creme eingerührt werden soll. Nach 8–10 Stunden hat die Eiscreme ihre Dauerfestigkeit erreicht.

**Haltbarkeit**

Die fertige Eiscreme kann wochenlang oder auch über Monate aufbewahrt werden. Bei längerer Lagerung tritt ein geringer Aromaverlust ein.

**Kaloriengehalt**

Hier gebe ich die Kalorienwerte (für jene, die schon mit den neuen Einheiten rechnen: 1 Kalorie = 4,1868 Joule) für die Grundrezepte an, die sich kaum erhöhen, wenn tropfenweise kräftige Aroma-Essenz beigegeben wird (Vanille, Kaffee-Extrakt). Mit Eigelb und Schokolade (Kakaopulver) angereicherte Rezepte erhöhen sich etwas im Kaloriengehalt. Die Gesamtsumme muss durch die Portionen geteilt werden, die aus dem Grundrezept hergestellt werden können, und das sind etwa 15 Portionskugeln, wie man sie aus dem Eis-Café kennt (siehe nebenstehende Tabelle).

| | | |
|---|---|---|
| Sahne-Eiscreme | 250 ccm Sahne | 773 Kal. |
| | 100 g Zucker | 400 Kal. |
| | | 1173 Kal. |
| | Pro Portion | 78 Kal. |
| Milch-Eiscreme | 250 ccm Milch | 112 Kal. |
| | Schlagpulver | 245 Kal. |
| | 100 g Zucker | 400 Kal. |
| | | 757 Kal. |
| | Pro Portion | 50 Kal. |
| Eigelb-Eiscreme | 3 Eigelb | 180 Kal. |
| | 100 g Zucker | 400 Kal. |
| | 2 Eiweiss (um auf 15 Portionen zu kommen) | 30 Kal. |
| | | 610 Kal. |
| | Pro Portion | 41 Kal. |
| Eiweiss-Eiscreme | 3 Eiweiss | 45 Kal. |
| | 100 g Zucker | 400 Kal. |
| | 100 g Früchte | 50 Kal. |
| | | 495 Kal. |
| | Pro Portion | 33 Kal. |
| Quark-Eiscreme | 100 ccm Milch | 45 Kal. |
| | Schlagpulver | 123 Kal. |
| | 50 g Zucker | 200 Kal. |
| | 100 g Quark | 150 Kal. |
| | 100 g Marmelade | 225 Kal. |
| | | 743 Kal. |
| | Pro Portion | 50 Kal. |
| Wassereis | Aromawasser | 15 Kal. |
| | 100 g Zucker | 400 Kal. |
| | Mondamin | 35 Kal. |
| | 1 Eiweiss | 15 Kal. |
| | | 465 Kal. |
| | Pro Portion | 31 Kal. |

**Die Beschaffenheit der Schlagmasse ist das Geheimnis der Erfolgsgarantie**

Es gibt zwei Faktoren, die Einfluss auf die Eiscreme haben: der Zuckergehalt und die Beschaffenheit der geschlagenen Creme-Masse.

In den Rezepten ist die richtige Zuckermenge angegeben, aber sie lässt sich auch dann leicht feststellen, wenn die Grundzutaten nicht nach vorgeschriebenem Mass gewählt werden: die Masse soll etwas süsser schmecken, als geschmacklich eigentlich gewünscht wird. Zu wenig Zucker macht die Eiscreme fest und schwächer aromatisch, zu viel Zucker verhindert das Gefrieren und lässt die Creme weich bleiben. Liebhaber von Soft-Eis können die Beschaffenheit der Eiscreme mit erhöhtem Zuckergehalt steuern oder alkoholische Zusätze wählen, welche ebenfalls die Masse weichhalten.

Die Beschaffenheit der geschlagenen Creme-Masse ist das wichtigste für das Gelingen einer idealen Eiscreme: sie muss fest aber nicht schnittfest sein; es sollen keine scharfen Spitzen stehen bleiben, die Masse darf aber auch nicht zu glatter Oberfläche zerfliessen. Sie soll stehen bleiben, aber weiche Konturen bilden. Ich nenne das in den Rezepten «cremig». Zu steife Schlagmasse macht die Eiscreme trocken, zu weiche Masse ergibt hartgefrorene Eiscreme und lässt Eiskristalle entstehen.

Der Geschmack der Schlagmasse sollte kräftig-aromatisch sein, denn das Aroma vermindert sich etwas durch das Gefrieren.

**Eisfehler**

| | |
|---|---|
| Eiscreme zu fest: | zu wenig Zuckergehalt oder geschlagene Masse zu weich. |
| zu weich: | zu viel Zucker oder zu kurz gefroren. |
| zu trocken: | geschlagene Masse war zu steif. |
| Fruchtsaft setzt sich am Boden ab: | geschlagene Masse war zu weich oder wurde nicht schnell genug gefroren, oder enthält zu viele flüssige Bestandteile. Bei Feststellen nach 3–4 Stunden alles noch einmal durchschlagen. |
| Kristalle in der Eiscreme: | zu viele flüssige Bestandteile in der Masse oder geschlagene Masse zu weich. (Rezepte für Wassereis beachten, auf Seite 49 ff.) |

## Tips für immer wiederkehrende Arbeiten

**Abkühlen:** Möchten Sie die im Wasserbad erwärmte Eigelbmasse oder mit Zucker gedünstete Früchte oder erhitzte Aromaauszüge wie Kaffee-Extrakt oder Milch-Kakao zur baldigen Weiterverarbeitung schneller abkühlen, so stellen Sie den Topf in reichlich kaltes Wasser, dem möglichst noch ein paar Eiswürfel zugefügt werden. Um ein schnelles Gefrieren der Schlagmasse noch zu fördern, können die Zutaten (Milch, Sahne, Eier) im Kühlschrank vorgekühlt werden. Bei zügiger Verarbeitung nehmen sie dann nicht viel Wärme auf.

**Eischnee:** Eischnee lässt sich nur mit völlig fettfreien Geräten schlagen. Um das Schlaggerät zwischen den Arbeitsgängen nicht abwaschen zu müssen, schlägt man zuerst das Eiweiss ganz steif. Beim nachfolgenden Rühren von Eigelb mit Aromastoffen oder anderen Zutaten stört etwas anhaftendes Eiweiss nicht. Eischnee wird steifer und behält seine Festigkeit länger bei Zugabe von etwas Zucker. Daher von der im Rezept angegebenen Menge etwas abnehmen und während des Schlagens zufügen.

**Eiverarbeitung:** Grundsätzlich werden zum Andicken von flüssigen Aromastoffen (z.B. Kaffee-Extrakt) im heissen Wasserbad Eigelbe angegeben. Es ist jedoch als Notlösung auch möglich, anstelle von 2 Eigelben ein ganzes Ei zu verwenden.

**Kakao kochen:** Kakaopulver löst sich bei etwa 60 Grad. Es wird auf die kalte Milch oder Sahne gestreut und beim Erhitzen leicht geschlagen. In kochende Flüssigkeit gegeben bildet es Klümpchen.

**Wasserbad:** In einen breiteren Topf mit Wasser setzt man – oder besser noch hängt man an den Griffen – einen kleineren Topf mit der Eiermasse und bringt das Wasser zum Kochen. Die Masse wird bis zum Heiss- und Dickwerden mit einem Schneebesen (Schläger) gerührt. Sie darf nicht kochen, sonst gerinnt das Eigelb. Während des Abkühlens einigemal schlagen. Die Masse ist in kaltem Zustand noch etwas dicker als in warmem.

## Alkoholauszüge, Aromastoffe und Essenzen

Ich stelle meine Aroma-Auszüge mit Alkohol her, durch den die beste Geschmacksausbeute ermöglicht wird, und der sie dauerhaltbar macht. In der Apotheke gibt es reinen Alkohol (auch Sprit und Weingeist genannt) zu kaufen, er ist ungefähr 90- bis 96%ig. Zum Ausziehen von Geschmacksstoffen und zur Haltbarmachung der Essenz wird der Alkohol bis zu einer Stärke von 50 – 60% verdünnt. Wenn Abneigung gegen Alkohol besteht (man bedenke aber, dass die Essenz später nur tropfenweise verwendet wird und in der Cremmemasse kaum alkoholisch wirksam wird), kann die Mischung bis 20% gesenkt werden. Ich giesse auf meine Aromazutaten nach Gutdünken etwa ⅔ Alkohol und ergänze mit ⅓ Wasser. Wird allerdings Saft mitangesetzt wie bei Zitronen, Apfelsinen usw., sollte der Alkohol pur dazugegeben werden. Das Ansetzen mit Alkohol geschieht am besten in Gläsern mit Schraubdeckel. Die Essenz ist nach 1–2 Wochen gebrauchsfertig und danach dauerhaltbar. Sie kann längere Zeit auf den Aromastoffen stehenbleiben oder auch abgegossen werden.

Diese Aroma-Auszüge eignen sich auch sehr gut für hausgemachte Liköre (deren Herstellung wird mit vielen Rezepten ausführlich in «Mein Inselkochbuch» erläutert, das 1983 beim AT-Verlag erscheint), ferner zum Backen und Kochen, für pikante Saucen zu Crêpes Suzette, zum Flambieren von Saucen zu Eiscreme-Spezialitäten sowie für Longdrinks.

Für die Eiscreme-Bereitung eignen sich käufliche Aromastoffe wie herzhaft fruchtige Marmelade, Fruchtmus oder Gelee, Fruchtsirup, Vanillezucker oder -essenz, Kakao, Liköre. Empfehlenswert ist ein kleiner Vorrat an Zitronensäure, die bei Frucht-Eiscreme das Aroma betont und hier statt Zitronensaft genommen wird, der vielleicht zu viele wässrige Bestandteile in die Masse bringt. Wer Schokoladengarnierung oder -einlage liebt, sollte immer etwas Kochschokolade (Couverture) im Hause haben. Man kann auch einiges selber herstellen und dauerhaft haltbar machen, um es bei Bedarf zur Hand zu haben:

**Fruchtmus oder Marmelade:** Früchte fein zerkleinern (Mixer oder Pürierstab) oder gekocht durch ein Sieb rühren und mit der gleichen Menge Zucker (oder etwas mehr) dicklich kochen. Heiss in Gläser mit Twist-off-Deckel einfüllen und schliessen. Dauerhaltbar.

**Fruchtsirup:** Früchte mit sehr wenig Wasser erhitzen und einige Minuten schwach kochen. Durch ein Sieb den Saft gewinnen und mit gleicher Menge Zucker aufkochen, abschäumen, in Flaschen füllen und verschliessen. Dauerhaltbar.

**Zitronen-Essenz:** Dünn abgeschälte Schale von ungespritzten Zitronen und Saft der Zitronen in ein Schraubglas füllen, etwa die gleiche Menge reinen Alkohol zufügen.

**Apfelsinen-(Orangen-)Essenz:** Ebenso herstellen wie Zitronen-Essenz. Die Schale der Apfelsinen gibt markante Bitterstoffe ab.

**Pampelmusen-(Grapefruit-)Essenz:** Ebenso herstellen wie Zitronen-Essenz. Diese Essenz ist stärker bitter.

**Vanille-Essenz:** Ein bis zwei Vanilleschoten der Länge nach durchschneiden und in etwa 60 ccm Alkohol-Wasser-Gemisch ansetzen. Die Essenz wird braun, ist stark würzig und wird tropfenweise verwendet.

**Bittermandel-Essenz:** 10 bittere Mandeln hacken, in 50 ccm Alkohol-Wasser-Gemisch ansetzen und tropfenweise verwenden. Die Flasche vor Kindern sichern; die Gesamtmenge würde sich wegen der darin enthaltenen Blausäure gefährlich auswirken.

**Mokka-Essenz:** 3 gehäufte Esslöffel grob gemahlenen Kaffee in 100 ccm Alkohol-Wasser-Gemisch ansetzen.

**Tee-Essenz:** 2 Esslöffel Teeblätter in 100 ccm Alkohol-Wasser-Gemisch ansetzen.

## Liköre

Für zwei Liköre, die zum Abrunden der Eiscreme oder als ergänzende Sauce des öfteren genannt werden, nachfolgend die bewährten Rezepte aus meiner Praxis. Bei diesen Likören ist kaum etwas falsch zu machen, und es kommt auf die genaue Einhaltung der Zutatenmenge nicht an. Zum Schluss wird der Likör probiert und nach Geschmack mit Alkohol ergänzt oder mit Zuckerlösung nachgesüsst. Unser hiesiger Alkohol ist vollkommen rein im Geschmack, so dass manche Liköre (z.B. Eierlikör) sofort trinkbar sind. Sollte der Alkohol einen etwas «medizinischen» Beigeschmack haben, müssen die Liköre einige Zeit reifen oder können durch einen Schuss Rum oder Weinbrand verbessert werden.

**Eierlikör:** (Abb.S. 17–19, E) 7 Eigelb mit 300 g Zucker und etwas Vanillearoma im Wasserbad schaumigrühren. Während des Abkühlens ab und zu schlagen. In den Mixer geben (oder Elektrorührgerät benutzen) und schnell rotieren lassen. Je 125 ccm Wasser und Alkohol mischen und in sehr dünnem Strahl langsam zulaufen lassen. Ergibt knapp ³/₄ l.

**Mokkalikör:** (Abb. S. 17–19, F) 2–3 Esslöffel grob gemahlenen Kaffee (je nach Geschmack) mit einer Mischung von 2/3 Alkohol und 1/3 Wasser in einem Normal-Marmeladenschraubglas bis kurz unter dem Rand gefüllt ansetzen, etwa 14 Tage stehenlassen und ab und zu umschütteln. Über einen Papierfilter (Kaffeefilter) in ein 1-Liter-Gefäss laufen lassen. Um aus dem Kaffeerückstand auch den letzten Alkohol herauszubekommen, kann etwas (wenig) kochendes Wasser darübergegeben werden, das ebenfalls zum Extrakt läuft. 125 ccm Wasser (etwa eine Tasse voll) mit 350 – 400 g Zucker klarkochen, abschäumen, auskühlen. Unter Rühren langsam zum Kaffee-Extrakt giessen. 100 ccm Alkohol einrühren und mit Wasser bis auf 1 Liter auffüllen. Abschmecken.

## Beilagen

Gern wird Eiscreme mit Kleingebäck komplettiert. Neben käuflichen Waffeln, Keksen und feinen hauchdünnen Schokoladeblättchen passen selbstgebackene, längere Zeit haltbare Mürbteigplätzchen, Heidesandgebäck oder auch Eiserkuchen im Waffeleisen gebacken. Möchte man Baisergebäck (Meringue) dazu essen, hat man gleich eine gute Verwertung für übriggebliebenes Eiweiss.

**Eiserkuchen:** (Abb. S. 25–27, E) für Waffeln und Tüten. In 1/4 l kochendem Wasser 150 g Zucker auflösen und 125 g Butter darin weich werden lassen. 250 g Mehl mit etwas Zimt oder Zitronenaroma mischen, die ausgekühlte Flüssigkeit und 2 Eier dazugeben und alles zu einem klümpchenfreien dickflüssigen Teig rühren. Im Waffeleisen dünn ausbacken. Für Tüten sofort aufrollen und in einem Kelchglas erstarren lassen. Ergibt etwa 30 Kuchen.

**Baisergebäck: (Meringue):** (Abb. S. 33–35, M) zum Füllen und Garnieren. 4 Eiweiss zu steifem Schnee schlagen und dabei 200 g Zucker und 1 Teelöffel Mondamin einrieseln lassen. Für braune Baisers 1 Teelöffel Kakao zugeben. Häufchen oder Törtchen mit der Sterntülle auf das mit gefetteter Backfolie ausgelegte Blech setzen und bis zum völligen Trocknen (2½ bis 3 Stunden) bei 75 – 100 Grad im Backofen backen, die Backofentür einen Spalt offen lassen.

## Saucen

Wünscht man zu einem Eisdessert eine Sauce, so kann es mit einer gekühlten Vanille-, Schokoladen-, Karamel- oder Mokkasauce, wie man sie zu Pudding gibt, ergänzt werden. Zu Fruchteis passt ein Schuss Himbeersirup, Zitronen- oder

Apfelsinenlikör. Beliebt sind auch heisse Früchte wie Himbeeren oder Kirschen zu Vanille-Eiscreme. Zu einer besonders guten Eiscreme für einen besonderen Anlass wird man auch eine extravagante Sauce herstellen wollen, welche die Eisspeise zu einer eindrucksvollen Spezialität anhebt.

## Sauce aus gebrannten Mandeln

1 EL Butter
50 g Zucker
250 ccm Milch
2–3 EL gebrannte Mandeln, gemahlen oder feingehackt

In der Pfanne die Butter mit dem Zucker karamelisieren und mit der Milch unter Rühren bei schwacher Hitze sämigkochen. Die gebrannten Mandeln 5 Minuten mitkochen lassen. Wenn die Mandelstückchen als störend empfunden werden, die Sauce durch ein Sieb streichen oder fein mixen.

## Karamel-Mokka-Sauce, flambiert

1 EL Butter
100 g Zucker
250 ccm Milch
1–2 EL Mokka-Essenz

In der Pfanne die Butter mit dem Zucker hellbraun karamelisieren und mit der Milch sämigkochen. Die hochprozentige Mokka-Essenz dazugeben, einen Teil davon in der Kelle erwärmen, anzünden, zur Sauce geben und alles brennend verrühren.

**Abwandlung:** Die Sauce muss nicht unbedingt flambiert, sondern kann auch mit Mokkalikör gewürzt werden.

## Karamel-Rosinen-Sauce

1 EL Butter
100 g Zucker
250 ccm Milch
1–2 EL in Rum geweichte Rosinen

In der Pfanne die Butter mit dem Zucker hellbraun karamelisieren, etwas auskühlen lassen und mit der Milch bei schwacher Hitze sämigkochen. Zum Schluss die in Rum geweichten Rosinen mit der Flüssigkeit einrühren. Auch diese Sauce kann mit einem hochprozentigen Likör flambiert werden.

## Apfelsinen-Zitronen-Sauce, flambiert

1 EL Butter
2–3 ungespritzte Apfelsinen
1 ungespritzte Zitrone
100 g Zucker
2–3 EL Zitronen- oder Apfelsinen-Essenz

Die Schale der Zitrone und einer Apfelsine dünn abreiben. Die Butter mit dem Zucker, dem Saft der Früchte und der abgeriebenen Schale leicht sämigkochen. Zum Schluss die hochprozentige Apfelsinen- und/oder Zitronen-Essenz dazugeben. Etwas Essenz in der Kelle erwärmen, anzünden und in die Sauce geben. Unter Rühren abbrennen lassen.

**Abwandlung:** Wer nicht gerne flambiert, rundet zum Schluss nur mit etwas Essenz ab.

## Walnuss-Sauce

1 EL Butter
100 g Zucker
250 ccm Milch
2–3 EL Walnusskerne (Baumnuss) gemahlen oder feingehackt

In der Pfanne die Butter mit dem Zucker karamelisieren, nach dem völligen Zerlaufen des Zuckers sofort die Hitze abschalten, damit der Zucker nicht dunkel und bitter wird. Nach kurzem Abkühlen die Milch dazugeben und bei schwacher Hitze unter Rühren die Masse gleichmässig verkochen, bis sie sämig wird. Die Nüsse 5 Minuten mitkochen lassen. Mit einer halben Nuss garnieren.

## Eier-Rum-Sauce

3 Eigelb
100 g Zucker
200 ccm Milch
2 EL Rum

Im Wasserbad die Eigelbe mit dem Zucker und der Milch schaumigrühren. Während des Abkühlens einigemal schlagen und zum Schluss den Rum unter die schaumige Masse rühren.

**Abwandlung:** Statt mit Rum kann auch mit Vanille gewürzt werden, mit Mokka-Extrakt oder -Essenz oder mit 1 Esslöffel Kakaopulver.

**Garnierung**

Soll die Eiscreme, vielleicht sogar zusätzlich zu Schlagsahne oder Sauce, noch garniert werden, so versuchen Sie doch, etwas aus vorhandenem Bestand zu zaubern:

- Mit etwas Zucker und Butter in der Pfanne angeröstete Mandel- oder Haselnussblättchen
- Krokant aus gemahlenen Mandeln oder Nüssen, mit etwas Butter und Zucker in der Pfanne karamelisiert und kalt krümelig zerstossen
- Schokoladenraspeln aus Vollmilch-, Mokka- oder Bitterschokolade
- Streusel aus ein paar zerstossenen gebrannten Mandeln
- Gebackene Baiser-(Meringue-)Tupfen, die man vorrätig halten kann
- In kleine Würfel gehackte Götterspeise, die es in leuchtenden Farben gibt
- Zierkirschen oder kandierte Früchte
- Frische Früchte
- Kleine Tupfer eines festen Fruchtgelees
- Und nicht zum Essen, sondern nur fürs Auge, eine Blüte oder ein hübsches Blatt

# Eiscreme aus Sahne

Schlagfähige Sahne (gebietsweise auch Creme, Rahm oder Obers genannt) wird für diese Art der Eiscreme-Herstellung benötigt. Am gebräuchlichsten wird die käufliche Bechersahne aus Kuhmilch sein, aber auch die noch fettere Sahne von Ziege und Schaf ist hervorragend geeignet und dient mir als Grundlage für meine Eisspezialitäten, weil es hier keine andere gibt. Kuhmilch gilt auf unserer Insel als minderwertig, und kein Bauer hält sich dafür Kühe. Die ziemlich steif geschlagene Sahne dient als Träger für die Geschmacksstoffe, die entweder zugefügt werden (Vanille, Fruchtmus, alkoholische Essenzen) oder in der erhitzten Sahne ausziehen (Kaffee, Tee, Kakaopulver). Geschlagene Sahne verträgt sich mit Fruchtsäure und Alkohol und fällt durch die Mischung nicht zusammen. Zum Abrunden des Geschmacks oder um die Eiscreme noch gehaltvoller zu machen, können 1–2 Eigelb unter die Masse geschlagen werden. Bei Vanille-Eiscreme ist das schon für die Farbe vorteilhaft. Wünscht man das Sahneeis etwas leichter und kalorienärmer, kann man 1–2 zu Schnee geschlagene Eiweiss zufügen.

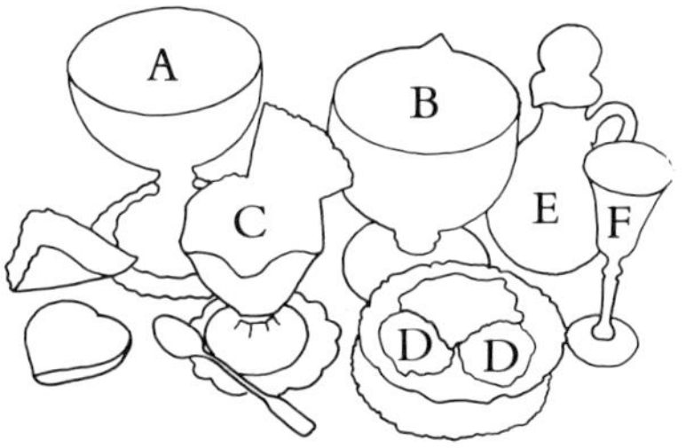


A Karamel- und Nuss-Eiscreme
B Schokoladen-Eiscreme mit Eierlikör
C Erdbeer-Eiscreme
D Vanille-Eiscreme
E Eierlikör
F Mokkalikör

**Arbeitsgänge in Kurzform:**

- ○ Sahne mit Zucker und Aromastoffen (Vanille) cremigschlagen
- ○ In Behälter füllen und einfrieren (kein Rühren während des Gefrierens nötig!)

**oder:**

- ○ Sahne erhitzen und Aromastoffe ausziehen lassen (Kaffee)
- ○ Nach Abkühlen cremigschlagen und Zucker zugeben
- ○ In Behälter füllen und einfrieren (kein Rühren während des Gefrierens nötig!)

Wichtig für das Gelingen einer idealen Eiscreme ist die Beschaffenheit der geschlagenen Masse vor dem Einfrieren.

## Schokoladen-Eiscreme

Rezept I, Abb. S. 17–19, B

250 ccm Sahne
2 EL Kakaopulver oder Kochschokolade
100 g Zucker
etwas Vanillearoma

Die Sahne mit dem Kakaopulver erhitzen und dabei leicht schlagen, damit sich keine Klümpchen bilden (oder die Kochschokolade in der heissen Milch auflösen). Nach dem Abkühlen cremigschlagen, dabei den Zucker einrieseln lassen. In Behälter füllen und einfrieren.

**Verfeinerung:** Etwas Mokka-Essenz (S. 13) rundet den Schokoladengeschmack ab.

## Schokoladen-Eiscreme

Rezept II

200 ccm Sahne
½ Tasse Milch
2 EL Kakaopulver oder Kochschokolade
100 g Zucker
etwas Vanillearoma und Mokka-Essenz

Die Milch mit dem eingestreuten Kakaopulver (oder der Kochschokolade) unter Rühren bis zum Kochen bringen, dann auskühlen lassen. Die Sahne steifschlagen, den Zucker dabei einrieseln lassen, die Schokoladenmilch und Vanillearoma (evtl. Mokka-Essenz) zugeben und die Masse cremigschlagen. In Behälter füllen und einfrieren.

## Tee-Eiscreme

250 ccm Sahne
1 EL Teeblätter
100 g Zucker

Die Sahne bis fast zum Kochen erhitzen, Hitze abschalten, die Teeblätter einstreuen und 10 Minuten ziehen lassen, abseihen. Nach dem Auskühlen cremigschlagen, dabei den Zucker einrieseln lassen. In Behälter füllen und einfrieren.

## Vanille-Eiscreme

250 ccm Sahne
100 g Zucker
30 Tropfen Vanille-Essenz oder Vanillezucker nach Geschmack
1–2 Eigelb für die Farbe

Die Sahne steifschlagen und den Zucker dabei einrieseln lassen. Zum Schluss Vanillearoma und Eigelb zugeben und die Masse cremigschlagen. In Behälter füllen und einfrieren.

**Abwandlung:** Möchten Sie gleich eine **Schnelle Schokoladeneiscreme** (ohne Vorkochen von Milchkakao) ausprobieren, so füllen Sie erst die Hälfte der Eiscrememasse ab und schlagen unter den Rest 1 Esslöffel Kakaopulver.

Zu Vanille-Eiscreme isst man gern heisse oder kalte Schokoladensauce oder Walnuss-Sauce (S. 16), flambierte Apfelsinen-Zitronen-Sauce (S. 15) oder heisse, kurz gedünstete herzhafte Früchte wie Himbeeren und Sauerkirschen. Sie ist für Eiskaffee (S. 58) sehr gut geeignet und wichtiger Bestandteil der weltbekannten Nachspeise «Birne Hélène».

## Mokka-Essenz-Eiscreme

250 ccm Sahne
100 g Zucker
3 TL Mokka-Essenz
1 Eigelb
Vanillearoma

Die Sahne steifschlagen, dabei den Zucker einrieseln lassen. Die Mokka-Essenz, das Eigelb und Vanillearoma nach Geschmack zufügen und die Masse cremigschlagen. In Behälter füllen und einfrieren.

## Mokka-Eiscreme

250 ccm Sahne
2 geh. EL Kaffee, gemahlen
100 g Zucker
Vanillearoma

Die Sahne erhitzen bis fast zum Kochen, Hitze abschalten, den Kaffee einrühren und 10 Minuten ziehen lassen, abseihen. Nach dem Auskühlen cremigschlagen, dabei den Zukker einrieseln lassen und mit Vanille abschmecken.

## Mokka-Extrakt-Eiscreme

250 ccm Sahne
$^1/_2$ Tasse Milch
2 geh. EL Kaffee, gemahlen
100 g Zucker
Vanillearoma

Den Kaffee in der Milch kurz aufkochen, Hitze abschalten, 10 Minuten ziehen lassen, abseihen, auskühlen lassen. Die Sahne steifschlagen, den Zucker einrieseln lassen, den Milch-Kaffee-Extrakt und das Vanillearoma zugeben und die Masse cremigschlagen.

**Verfeinerung:** Mit einem Eigelb abrunden und mit Mokkalikör (S. 14) abschmecken.

**Tip:** Im Notfall kann die Schlagmasse auch mit trocken eingestreutem Pulverkaffee aromatisiert werden, der sich aber völlig auflösen muss.

## Karamel-Eiscreme

Abb. S. 17–19, A

250 ccm Sahne
100 g Zucker
Vanillearoma

Den Zucker in der Pfanne unter ständigem Rühren mit dem Holzlöffel hellbraun zerlaufen lassen. Er darf nicht dunkel werden, sonst schmeckt er bitter. Die Masse etwas abkühlen lassen (damit es nicht spritzt) und die Sahne dazugeben. Bei schwacher Hitze leicht kochen und rühren, bis der karamelisierte Zucker völlig aufgelöst ist. Nach dem Auskühlen steifschlagen, Zucker und wenig Vanillearoma zufügen und die Masse cremigschlagen. In Behälter füllen und einfrieren.

Wer gerne Sahne-Weichkaramellen isst, wird sich besonders für diese Eiscreme begeistern. Sie schmeckt unvergleichlich rein und apart.

Karamel-Eiscreme passt sehr gut in Eiskaffee (S. 58) und aromatisiert diesen mit ihrem vollsahnigen Aroma.

Zu Karamel-Eiscreme schmecken sehr gut Vanille- oder Schokoladesauce, Walnuss-Sauce (S. 16) oder flambierte Karamel-Mokka-Sauce (S. 15) oder auch ein wenig Eier- oder Mokkalikör (S. 14)

**Abwandlung:** Der in der Pfanne karamelisierte Zucker kann auch mit ½ Tasse Milch glattgekocht und dann ausgekühlt zur steifgeschlagenen Sahne gegeben werden. Auf diese Weise braucht man nicht die Sahne zu kochen.

## Sahne-Zitronen-Eiscreme

250 ccm Sahne
100 ccm Zitronensaft
Schale von ½ Zitrone
100 g Zucker

Den Zitronensaft mit der Zitronenschale aufkochen, etwas ziehen lassen, abseihen. Den gewonnenen Saft mit dem Zukker 2–3 Minuten durchkochen, auskühlen lassen. Die Sahne steifschlagen, den Zitronensirup einlaufen lassen und die Masse cremigschlagen. In Behälter füllen und einfrieren.

**Abwandlung:** Anstelle des Zitronensaftes kann auch der frische Saft herzhafter Apfelsinen (z. B. Blutorangen) genommen werden, auf die Zitronenschale sollte nicht verzichtet werden.

**Weitere Möglichkeiten:** Für die gleiche Verarbeitungsweise eignet sich auch: Sirup aus Himbeeren, Erdbeeren, Sauerkirschen, Aprikosen, Quitten, Maulbeeren, roten und schwarzen Johannisbeeren gemischt, Stachelbeeren, Kiwis oder Früchten nach Ihrer Wahl. Notfalls kann das Aroma süsslicher Früchte durch Zitronensäure betont werden.

## Sahne-Frucht-Eiscreme
Rezept I

250 ccm Sahne
½ Normalglas Fruchtmarmelade
Zucker nach Bedarf
evtl. Zitronensäure

Die Sahne steifschlagen, die Fruchtmarmelade und den Zucker nach Bedarf (probieren nach Angaben auf S. 10) zufügen und mit Zitronensäure das Aroma betonen. Die Masse cremigschlagen. In Behälter füllen und einfrieren.

**Möglichkeiten:** Am besten eignet sich für Eiscreme herzhaft-fruchtige Marmelade aus Aprikosen, Quitten, Maulbeeren, roten und schwarzen Johannisbeeren gemischt, Sauerkirschen, Stachelbeeren. Bei den beliebten Himbeeren und Erdbeeren hebt Zitronensaft oder Zitronensäure das Aroma.

## Sahne-Frucht-Eiscreme
Rezept II

250 ccm Sahne
100 g Früchte
100 g Zucker

Die Früchte (einzeln oder gemischt, z. B. säuerliche mit süssen) zerkleinern (im Mixer oder mit dem Pürierstab) oder gekocht durch ein Sieb streichen, mit dem Zucker dicklich einkochen, auskühlen lassen. Die Sahne steifschlagen, das Fruchtmus zugeben und die Masse cremigschlagen. Auf Zuckergehalt abschmecken (siehe S. 10). In Behälter füllen und einfrieren.

Frucht-Eiscreme wird gern für Eisbecher verwendet. Eine gute Ergänzung sind auch Schlagsahne, frische oder gedünstete Früchte und Baiser-(Meringue-)Garnierung.

## Sahne-Bananen-Eiscreme ungekocht

250 ccm Sahne
100 g Zucker
100 g Bananen oder etwas mehr
Zitronensäure oder Vanillearoma

Die Banane mit dem Pürierstab oder mit etwas Sahnezugabe im Mixer feinstens zerkleinern (oder durch ein Sieb rühren), den Zucker zugeben und bis zur völligen Auflösung verrühren. Die Sahne steifschlagen, die Bananen-Zucker-Mischung zulaufen lassen und die Masse cremigschlagen. Nach Geschmack mit Vanillearoma weich oder mit etwas Zitronensäure pikant abrunden. In Behälter füllen und einfrieren.

**Hinweis:** Nur Bananen lassen sich ungekocht gut für die Eiscreme-Bereitung verwenden. Die meisten übrigen Früchte enthalten zu viele wässrige Bestandteile, die beim Gefrieren absinken und sich in fester Form am Boden der Eiscreme sammeln. Möchte man unbedingt rohe Früchte verarbeiten (Himbeeren, Erdbeeren, Kiwi usw.), muss man etwas Gelatine in einem Esslöffel voll heissem Fruchtsaft auflösen und zu den zerkleinerten Früchten geben, damit sie gefestigt werden. Nach dem Erkalten der steifen Sahne unterschlagen.

## Sahne-Likör-Eiscreme

250 ccm Sahne
125 ccm Mokkalikör
Zucker nach Bedarf
1 Eigelb
Vanillearoma

Die Sahne steifschlagen, den Mokkalikör darunterschlagen, bei Bedarf Zucker zufügen (abschmecken nach Angabe auf S. 10). Zur Verfeinerung das Eigelb dazugeben und mit wenig Vanillearoma abrunden. Die Masse cremigschlagen. In Behälter füllen und einfrieren.

**Weitere Möglichkeiten:** Bei gleicher Verarbeitungsweise können zum Aromatisieren verwendet werden: Eierlikör, Schokoladenlikör, Karamellikör, diese ebenfalls mit Vanillearoma abrunden. Zitronen- und Orangenlikör, Likör von schwarzen Johannisbeeren oder Kirschen eignen sich ebenfalls und müssen vielleicht mit etwas Zitronensäure betont werden. Die cremiggeschlagene Masse immer noch einmal auf richtigen Zuckergehalt (S. 10) prüfen.

## Nuss-Eiscreme

Abb. S. 17-19, A

250 ccm Sahne
100 g Haselnusskerne
100 g Zucker
1 Eigelb
1–2 Tropfen
Bittermandel-Essenz

Im Backofen oder in der Pfanne die Haselnüsse erhitzen und die braunen Häutchen abreiben. Die Nusskerne fein mahlen und mit dem Zucker in der Pfanne unter Hin- und Herbewegen mit dem Holzlöffel gleichmässig anrösten. Wenn sich der Zucker aufzulösen beginnt, die Sahne dazugiessen, kurz vor dem Kochen die Hitze abschalten, 10 Minuten ziehen lassen; abseihen, falls kleine Nussteilchen störend wirken. Nach dem Auskühlen cremigschlagen unter Zugabe des Eigelbs zur Verfeinerung und nach Geschmack von 1–2 Tropfen Bittermandel-Essenz. In Behälter füllen und einfrieren.

**Weitere Möglichkeiten:** Statt der Haselnüsse können auch verwendet werden: Walnüsse (Baumnuss), Mandeln, Kokosflocken, geröstete Maronen (Esskastanien), ja sogar gebrannte Mandeln mit der Zuckerkruste. Wichtig ist nur, dass die Zutaten sehr fein zerkleinert oder nach dem Ausziehen durchgesiebt werden, damit die fertige Eiscreme frei von störenden krümeligen Teilchen ist.

# Eiscreme aus Milch

Jede frische, wohlschmeckende Milch ist für diese Art der Eiscreme-Herstellung geeignet. Sie kann fett oder mager sein, roh oder sterilisiert. Während meiner intensiven Eiscreme-Experimente habe ich herausgefunden, dass man überhaupt aus jeder Flüssigkeit Eiscreme herstellen kann, es kommt nur darauf an, sie in eine luftig-schaumige Crememasse umzuwandeln. Bei Milch schafft man das am einfachsten mit dem käuflichen Schlagpulver verschiedener Hersteller, die das Endprodukt für «wie Schlagsahne zu verwenden» empfehlen. Die benötigte Menge entnimmt man den Packungen, meist ist eine Portion für ⅛ bis ¹⁄₁₀ l Milch angegeben, und nach meinen Erfahrungen reicht auch etwas weniger Pulver als vorgeschrieben. Weil das Schlagpulver es nur schwer schafft, stark gesüsste Milch schaumig zu festigen, muss man zuerst die Milch steifschlagen und dann erst den Zucker oder die gesüssten Zutaten zugeben. Wo kein Schlagpulver erhältlich ist, verwende man für die nachfolgenden Rezepte Sahne statt Milch.

Aus Milch kann man die gleichen Eiscreme-Sorten herstellen wie aus Sahne. Diese Eisspeise ist geschmacklich kaum anders, jedoch kalorienärmer und billiger. Sie lässt sich auf Wunsch auch gehaltvoller machen, indem etwas weiche Butter oder 1–2 Eigelb untergeschlagen werden. Der steifgeschlagenen Milch darf nicht viel weitere Flüssigkeit zugegeben werden (z.B. Saft von Aromafrüchten), sonst wird die Masse zu weich, und die wässrigen Bestandteile setzen sich als feste Eismasse am Boden der gefrierenden Eiscreme ab. Hat gedünstetes Beerenmus zuviel Saft, erhitzt man es mit ½ Teelöffel Mondamin oder Kartoffelmehl zum Festigen. Nach dem Abkühlen unter die Schlagcreme mischen.

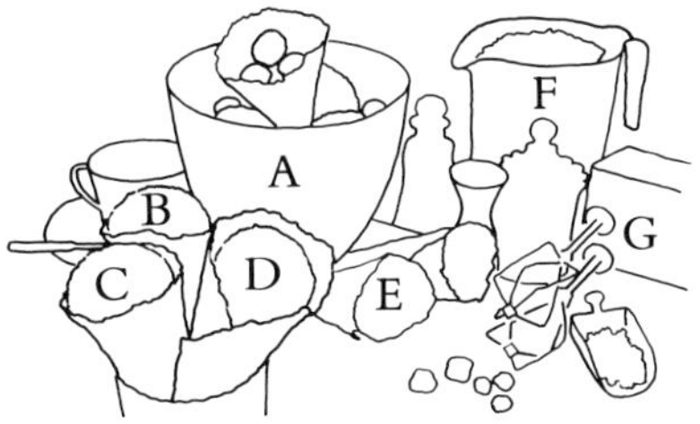


A Vanille-Eiscreme
B Himbeer-Eiscreme
C Eiscreme aus schwarzen Johannisbeeren
D Zitroneneis
E Eiserkuchen
F Mass-/Schlagbecher Masse mit Schlagpulver zubereitet
G Elektrorührgerät

**Arbeitsgänge in Kurzform:**

- Milch mit Schlagpulver steifschlagen
- Aromastoffe und Zucker zufügen und cremigschlagen
- In Behälter füllen und einfrieren
  (kein Rühren während des Gefrierens nötig!)

Wichtig für das Gelingen einer idealen Eiscreme ist die Beschaffenheit der geschlagenen Masse vor dem Einfrieren, siehe dazu S. 10.

## Schokoladen-Eiscreme

250 ccm Milch
Schlagpulver
100 g Zucker
2 EL Kakaopulver
oder Kochschokolade
Vanillearoma

Im Kochtopf die Milch mit eingestreutem Kakaopulver (oder Kochschokolade) unter Rühren erhitzen, bis eine klümpchenfreie Schokoladenmilch erreicht ist. Abkühlen lassen. Mit dem Schlagpulver steifschlagen, den Zucker einrieseln lassen und die Masse cremigschlagen. Mit Vanillearoma abschmecken. In Behälter füllen und einfrieren.

**Verfeinerung:** Die Zugabe von etwas Mokka-Essenz (S. 13) zur Schlagmasse rundet den Schokoladengeschmack ab. Ist diese nicht vorrätig, kann der Milch beim Erhitzen auch ½ Teelöffel Nescafé beigefügt werden oder aber auch 1 Teelöffel gemahlener Kaffee, aber in diesem Falle muss die aromatisierte Milch durchgesiebt oder durch einen Kaffeefilter gegeben werden, damit die fertige Eiscreme frei von störenden Kaffeekrümelchen ist.

## Tee-Eiscreme

250 ccm Milch
Schlagpulver
1 TL Teeblätter
100 g Zucker

Die Milch bis zum Kochen erhitzen, abschalten. Die Teeblätter einstreuen und 5–10 Minuten ziehen lassen. Abseihen und auskühlen lassen. Die Teemilch mit dem Schlagpulver steifschlagen. Nach und nach den Zucker zugeben und die Masse cremigschlagen. In Behälter füllen und einfrieren.

**Verfeinerung:** Ganz so, wie man sonst seinen Tee würzt, mit Zitrone oder Rum, kann man auch die Schlagmasse würzen. Da beim Gefrieren etwas Aroma eingebüsst wird, darf sie recht kräftig schmecken. Mit Tee-Eiscreme, aufgegossen mit gut gekühltem Tee, kann man ein ähnlich erfrischendes Getränk herstellen wie Eiskaffee. Ein bis zwei Zitroneneiswürfel (S. 53) kühlen und aromatisieren das Getränk.

## Vanille-Eiscreme

Abb. S. 25–27, A

250 ccm Milch
Schlagpulver
100 g Zucker
30 Tropfen
Vanille-Essenz
oder Vanillezucker nach
Geschmack
1–2 Eigelb für die Farbe

Die Milch mit dem Schlagpulver steifschlagen. Nach und nach den Zucker, das Vanillearoma und das Eigelb zufügen und die Masse cremigschlagen. In Behälter füllen und einfrieren.

Zu dieser Eiscreme isst man gern heisse, kurz gedünstete herzhafte Früchte wie Himbeeren oder Sauerkirschen, heisse oder kalte Schokoladensauce, Walnuss-Sauce (S. 16) oder flambierte Karamel-Mokka-Sauce (S. 15), aber auch säuerliche Apfelsinen-Zitronen-Sauce (S. 15)

Vanille-Eiscreme ist auch wichtiger Bestandteil der weltbekannten Nachspeise «Birne Hélène».

**Abwandlung:** Die Hälfte der Vanillemasse mit 1 Esslöffel Kakaopulver verschlagen ergibt eine **Schnelle Schokoladen-Eiscreme** (ohne Vorkochen von Milchkakao). Wenn nach etwa 4 Stunden in halbgefrorenem Zustand die beiden Eiscremesorten leicht untereinandergemischt werden, entsteht eine hübsche Eiscremespezialität von ausgewogenem Geschmack.

## Mokka-Essenz-Eiscreme

250 ccm Milch
Schlagpulver
100 g Zucker
3 TL Mokka-Essenz
1 Eigelb
Vanillearoma

Die Milch mit dem Schlagpulver steifschlagen. Nach und nach den Zucker, die Mokka-Essenz, das Eigelb und etwas Vanillearoma zum Abrunden zufügen. Die Masse cremigschlagen. In Behälter füllen und einfrieren.
Diese Mokka-Essenz-Eiscreme ist besonders geeignet für Eiskaffee und belebt ihn durch den geringen Alkoholanteil.

## Mokka-Eiscreme

250 ccm Milch
Schlagpulver
2 geh. EL Kaffee, gemahlen
100 g Zucker
Vanillearoma

Die Milch mit dem Kaffee kurz aufkochen und abgeschaltet 10 Minuten ziehen lassen, durchfiltern, auskühlen lassen. Mit dem Schlagpulver steifschlagen, den Zucker und etwas Vanillearoma zum Abrunden zufügen und die Masse cremigschlagen. In Behälter füllen und einfrieren.

**Verfeinerung:** 2 Eigelb geben der Eismasse Fülle, etwas Mokkalikör (S. 14) untergeschlagen, kräftigt das Aroma.

**Tip:** Im Notfall kann die Schlagmasse auch mit trocken eingestreutem Pulverkaffee aromatisiert werden, der sich aber völlig auflösen muss.

## Milch-Frucht-Eiscreme
Rezept I

250 ccm Milch
Schlagpulver
½ Normalglas
Fruchtmarmelade
Zucker nach Bedarf

Die Milch mit dem Schlagpulver steif schlagen, die Marmelade und bei Bedarf etwas Zucker zugeben. Die Masse cremig schlagen. Bei süsslichen Früchten das Aroma mit etwas Zitronensäure betonen. In Behälter füllen und einfrieren.

## Milch-Frucht-Eiscreme
Rezept II, Abb. S. 25–27, B/C

250 ccm Milch
Schlagpulver
100 g frische Früchte
oder Fruchtsaft
100 g Zucker
etwas Mondamin

Man muss zunächst bedenken, dass nicht zu viele wässrige Bestandteile durch die geschlagene Milch bis zum Festgefrieren gehalten werden können. Daher muss man bei Früchten, die viel Saft abgeben einen kleinen Trick anwenden. Die Früchte oder Beeren werden im Mixer zerkleinert oder aber gargekocht durch ein Sieb gestrichen. Den Zucker und ½ Teelöffel Mondamin oder Kartoffelmehl zufügen und unter Rühren einmal aufkochen. Nach dem Erkalten wird die Masse gefestigt sein. Diese Methode ist besonders auch für dünnen Saft von Zitrone, Apfelsine, von Kirschen, Himbeeren, Erdbeeren u. a. m. anzuwenden, kurz für alles, was durch Aufkochen mit dem Zucker nicht dick genug wird. Die Milch mit dem Schlagpulver steif schlagen, die Fruchtmasse zugeben und alles cremigschlagen. In Behälter füllen und einfrieren.

Es empfiehlt sich, zum Schluss die Masse immer noch einmal auf richtigen Zuckergehalt (S. 10) zu prüfen und eventuell zu ergänzen.

## Karamel-Eiscreme

250 ccm Milch
Schlagpulver
100 g Zucker
1 Tasse Milch
Vanillearoma

In der Pfanne den Zucker unter ständigem Rühren hellbraun zerlaufen lassen. Er darf nicht dunkel werden, sonst schmeckt er bitter. Die Masse etwas abkühlen lassen (damit es nicht spritzt) und dann unter Rühren mit der Tasse Milch kochen, bis sich der karamelisierte Zucker vollständig aufgelöst hat. Auskühlen lassen. Die 250 ccm Milch mit dem auf etwa 350 ccm Flüssigkeit berechneten Schlagpulver steifschlagen. Die Karamelmilch und eine Spur Vanillearoma zugeben und die Masse cremigschlagen. In Behälter füllen und einfrieren.

Dazu schmecken Vanille- oder Schokoladensauce und – noch feiner – Eier- oder Mokkalikör (S. 13/14).

## Milch-Bananen-Eiscreme ungekocht

250 ccm Milch
Schlagpulver
100 g Zucker
100 g Bananen
oder etwas mehr
Zitronensäure
oder Vanillearoma

Die Milch mit dem Schlagpulver steifschlagen. Die Banane(n) mit dem Zucker pürieren oder durch ein Sieb streichen. Wird der Mixer benutzt, etwas von der Milch vor dem Steifschlagen abnehmen, um die Banane damit zu mixen, in weicher Form läuft die Masse besser. Milchschaum und Bananenpüree zu einer cremigen Masse schlagen, mit Zitronensäure herzhaft oder mit Vanillearoma süsslich abschmekken. In Behälter füllen und einfrieren.

**Hinweis:** Nur Bananen lassen sich ungekocht gut für die Eiscreme-Bereitung verwenden. Die meisten übrigen Früchte enthalten zu viele wässrige Bestandteile, die beim Gefrieren absinken und sich in fester Form am Boden der Eiscreme sammeln. Möchte man unbedingt rohe Früchte verarbeiten (Himbeeren, Erdbeeren, Kiwi usw.), so muss man etwas Gelatine in einem Esslöffel voll heissem Fruchtsaft auflösen und zu den zerkleinerten Früchten geben, damit sie gefestigt werden. Nach dem Erkalten der steifen Schlagmilch unterschlagen.

**Verfeinerung:** Frucht-Eiscreme kann durch Zugabe von 1–2 Esslöffeln passenden Likörs abgerundet werden. Von Alkoholgehalt kann man dann bei Normalportionen noch nicht sprechen, so dass auch Kinder diese Eiscreme essen dürfen (wenn sie ihnen überhaupt schmeckt, was meistens nicht der Fall ist).

## Milch-Likör-Eiscreme

250 ccm Milch
Schlagpulver
125 ccm Eierlikör
Zucker nach Bedarf
Vanillearoma

Die Milch mit dem Schlagpulver steifschlagen. Den Eierlikör darunterschlagen und bei Bedarf Zucker nachgeben. Mit Vanillearoma abschmecken und die Masse cremigschlagen. In Behälter füllen und einfrieren.

**Verfeinerung:** Trotz der vielen Eier im Eierlikör kann ein zusätzliches Eigelb in der Schlagmasse die Eiscreme noch verfeinern.

**Weitere Möglichkeiten:** Mokka-, Schokoladen- und Karamellikör ergeben ebenfalls ein markantes Aroma und werden mit Eigelb und etwas Vanillearoma abgerundet. Fruchtliköre aus Zitronen und Apfelsinen, schwarzen Johannisbeeren, Sauerkirschen werden bei Bedarf mit etwas Zitronensäure verstärkt und können auch einen Spritzer Himbeergeist oder Kirsch in der Schlagmasse vertragen, wie man natürlich auch Eiscreme nur mit Himbeer- oder Birnengeist, mit Rum oder Arrak, aromatisieren kann.

## Nuss-Eiscreme

250 ccm Milch
Schlagpulver
100 g Haselnüsse
100 g Zucker
1 Eigelb
1–2 Tropfen
Bittermandel-Essenz

Im Backofen oder in der Pfanne die Haselnüsse erhitzen und die braunen Häutchen abreiben. Die Nusskerne fein mahlen und mit 1 Esslöffel Zucker in der Pfanne unter Bewegen mit dem Holzlöffel gleichmässig anrösten. Wenn der Zucker zu zerlaufen beginnt, die Milch dazugiessen und bis zum Kochen erhitzen. Bis zum vollständigen Auflösen des karamelisierten Zuckers rühren. Abschalten, 10 Minuten ziehen lassen. Sind jetzt noch störende Nussteilchen vorhanden, die Nussmilch durch ein feines Sieb oder durch einen Filter giessen. Abkühlen lassen. Danach mit dem Schlagpulver steif schlagen, den restlichen Zucker und das Eigelb zufügen und die Masse cremigschlagen. Nach Geschmack mit 1–2 Tropfen Bittermandel-Essenz (S. 13) abrunden. In Behälter füllen und einfrieren.

**Weitere Möglichkeiten:** Statt der Haselnüsse können auch verwendet werden: Walnüsse (Baumnuss), Mandeln, Kokosflocken, geröstete Maronen (Esskastanie) und auch gebrannte Mandeln mit der Zuckerkruste. Wichtig ist, dass die Zutaten sehr fein zerkleinert oder nach dem Ausziehen in der Milch abgefiltert werden, wenn die krümeligen Teilchen in der fertigen Eiscreme als störend empfunden werden.

# Eiscreme aus Eiern

Die Eier-Eiscreme kann ganz präzise auf beabsichtigte Nährwirkung oder kalorienarme Diätkost ausgerichtet werden, wenn sie nicht nur wegen ihres vortrefflichen Geschmacks und der sahnig-cremigen Beschaffenheit gewählt wird. Eiscreme nur aus Eigelb hat appetitlich gelbe Farbe und ist für Vanille-Eiscreme wie geschaffen. Ich bevorzuge diese Grundlage aber auch für Mokka- und Schokoladen-Eiscreme, die bei mir zu den «vollen» nahrhaften gehören, während ich leichte erfrischende Frucht-Eiscreme auf reiner Eiweissbasis herstelle. Auch Eiscreme auf Eiweissgrundlage erscheint sahnig-cremig und hat keine Ähnlichkeit mit Wassereis. Natürlich ist es auch möglich, Eigelb und Eiweiss zu mischen. Man muss nur den grundlegenden Unterschied dieser beiden schaumigen Aromaträger klar erkennen: Das Eigelb wird bei Zugabe von flüssigkeitsarmen Aromastoffen (Vanillearoma) mit dem Zukker schaumig geschlagen, mit flüssigen Aromastoffen (Likör, Kaffee-Extrakt) jedoch im Wasserbad erhitzt und schaumig geschlagen. Das Eiweiss wird lediglich zu steifem Schnee geschlagen, unter den die Aromazutaten gerührt werden. Bei einer beabsichtigten Mischung von Eigelb und Eiweiss muss man daher jedes für sich schaumigschlagen und zum Schluss beide Schaummassen vermengen. Die Rezepte beginnen mit Eigelbgrundlage und gehen dann über zu Eiweiss-Frucht-Eiscreme, zeigen aber, dass auch Eiweiss, mit Kakaopulver aromatisiert, eine gute Schokoladen-Eiscreme ergibt. Eischnee verträgt sich mit fettfreien Aromastoffen wie Früchte, Marmelade, Essenzen, auch mit Alkohol (z. B. in Likören), er fällt aber zusammen, wenn Milch oder Sahne, Quark oder Joghurt zugesetzt werden. Eine Ausnahme machen mit Schlagpulver zu Schaum geschlagene Milch und steifgeschlagene Sahne.

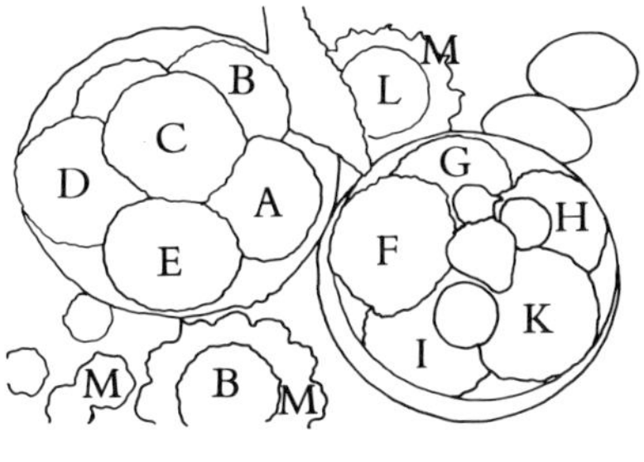


A Schokoladen-Eiscreme
B Vanille-Eiscreme
C Mokka-Eiscreme
D Nuss-Eiscreme
E Karamel-Eiscreme
F Erdbeer-Eiscreme
G Aprikosen-Eiscreme
H Apfel-Eiscreme
I Eiscreme aus schwarzen Johannisbeeren
K Himbeer-Eiscreme
L Bananen-Eiscreme
M Baiser-Gebäck (Meringue)

**Arbeitsgänge in Kurzform:**

Für Eigelbmasse mit flüssigkeitsarmen Aromastoffen (Vanillearoma, Mokka-Essenz)

- Eigelb mit Zucker und Aromastoffen cremigschlagen
- in Behälter füllen und einfrieren (kein Rühren während des Gefrierens nötig!)

für Eigelbmasse mit flüssigen Aromastoffen

- Eigelb, Zucker und flüssige Aromazutaten (Mokka-Extrakt, Likör) im Wasserbad schaumigschlagen
- nach Abkühlen Masse cremigschlagen
- in Behälter füllen und einfrieren (kein Rühren während des Gefrierens nötig!)

für Eiweissmasse

- Eiweiss mit etwas Zucker steifschlagen
- mit Fruchtanteil cremigschlagen
- in Behälter füllen und einfrieren (kein Rühren während des Gefrierens nötig!)

Wichtig für das Gelingen einer idealen Eiscreme ist die Beschaffenheit der geschlagenen Masse vor dem Einfrieren, siehe dazu S. 10.

Rezeptgrundlage sind für 100 g Zucker 3 Eier, wobei zu beachten ist, dass 3 Eigelbe höchstens 100 ccm Flüssigkeit (Mokka-Extrakt, Likör) festigen können.

## Vanille-Eiereiscreme, ohne Erhitzen

Rezept I, Abb. S. 33–35, B

3 Eigelb
100 g Zucker
30 Tropfen Vanille-Essenz oder Vanillezucker nach Geschmack

Die Eigelbe mit dem Zucker und dem Vanillearoma cremigschlagen. In Behälter füllen und einfrieren.

**Abwandlung:** Es können 1–3 Eiweiss zu steifem Schnee geschlagen untergezogen werden. Die Eiscreme wird dann leichter und mehr, das Aroma jedoch schwächer. Mit Zucker und Vanille nachwürzen.

## Vanille-Eiereiscreme

Rezept II

3 Eigelb
100 g Zucker
30 Tropfen Vanille-Essenz oder Vanillezucker nach Geschmack
100 ccm Milch

Die Eigelbe, den Zucker, das Vanillearoma und die Milch in einem Topf im Wasserbad erhitzen und schaumigrühren. Auskühlen lassen und zu cremiger Masse schlagen. In Behälter füllen und einfrieren.

**Abwandlung:** Es kann nach und nach gesüsster Eischnee von 1–3 Eiweiss untergeschlagen werden. Zwischendurch den Geschmack prüfen und bedenken, dass durch das Gefrieren das Aroma noch etwas gemindert wird.

## Schokoladen-Eiereiscreme, ohne Erhitzen

Rezept I, Abb. S. 33–35, A

3 Eigelb
100 g Zucker
2 EL Kakaopulver
Vanillearoma

Die Eigelbe mit dem Zucker und dem Kakaopulver sowie etwas Vanillearoma schaumigschlagen. In Behälter füllen und einfrieren.

**Abwandlung:** Es kann nach und nach gesüsster Eischnee von 1–3 Eiweiss untergeschlagen werden.

## Schokoladen-Eiereiscreme

Rezept II

3 Eigelb
100 g Zucker
2 EL Kakaopulver
100 ccm Milch
Vanillearoma

Die Milch mit dem eingestreuten Kakaopulver unter Rühren erhitzen. Nach leichtem Abkühlen den Zucker, das Vanillearoma nach Geschmack und die 3 Eigelbe hineinrühren und im Wasserbad erhitzen und dabei schaumigschlagen. Nach dem Auskühlen zu cremiger Masse schlagen. In Behälter füllen und einfrieren.

**Abwandlung:** Es kann nach und nach gesüsster Eischnee von 1–3 Eiweiss untergeschlagen werden. Zwischendurch den Geschmack prüfen und eventuell mit etwas eingestreutem Kakaopulver nachwürzen.

**Verfeinerung:** Eine **Mokka-Schokoladen-Eiscreme** erzielt man durch Zugabe von etwas Mokkalikör (S. 14) oder wenig Mokka-Essenz (S. 13) zur Schlagmasse.

## Karamel-Eiereiscreme

Abb. S. 33–35, E

3 Eigelb
100 g Zucker
100 ccm Wasser
oder Milch

In der Pfanne den Zucker hellbraun zerlaufen lassen, dabei ständig rühren und rechtzeitig abschalten. Er darf nicht dunkel werden, sonst schmeckt er bitter. Das Wasser oder die Milch zugeben und unter Rühren glattkochen. Die Masse etwas abkühlen lassen und mit den Eigelben im Wasserbad erhitzen und dabei schaumigrühren. Nach dem Auskühlen zu einer cremigen Masse schlagen. In Behälter füllen und einfrieren.

**Verfeinerung:** Nach Geschmack kann die Schlagmasse mit etwas Vanillearoma abgerundet werden.

**Abwandlung:** Es kann nach und nach gesüsster Eischnee von 1–3 Eiweiss untergezogen werden. Zwischendurch prüfen, ob das Aroma nicht zu schwach wird und bedenken, dass es sich auch durch das Gefrieren noch etwas vermindert.

## Mokka-Essenz-Eiereiscreme, ohne Erhitzen
Abb. S. 33–35, C

3 Eigelb
100 g Zucker
3 TL Mokka-Essenz
Vanillearoma

Die Eigelbe mit dem Zucker, der Mokka-Essenz und etwas Vanillearoma zu cremiger Masse schlagen. In Behälter füllen und einfrieren.

**Abwandlung:** Es kann nach und nach gesüsster Eischnee von 1–2 Eiweiss untergeschlagen werden. Eventuell das Aroma mit etwas Mokka-Essenz kräftigen.

**Weitere Möglichkeiten:** Für **Tee-Eiereiscreme** statt der Mokka-Essenz die Tee-Essenz (S. 13) verwenden.

**Tip:** Im Notfall kann die Eiermasse auch mit trocken eingestreutem Pulverkaffee aromatisiert werden, der sich aber völlig auflösen muss.

## Mokka-Extrakt-Eiereiscreme

3 Eigelb
100 g Zucker
100 ccm Milch
oder Wasser
2 EL Kaffee, gemahlen
Vanillearoma

In der Milch oder dem Wasser den Kaffee kurz aufkochen, abgeschaltet 10 Minuten ziehen lassen. Abseihen und mit den Eigelben, dem Zucker und etwas Vanillearoma im Wasserbad erhitzen und schaumigrühren. Nach dem Auskühlen zu cremiger Masse schlagen. In Behälter füllen und einfrieren.

**Abwandlung:** Es kann nach und nach gesüsster Eischnee von 1–3 Eiweiss untergezogen werden. Zwischendurch den Geschmack prüfen und eventuell mit etwas Mokka-Essenz nachwürzen.

## Likör-Eiereiscreme

3 Eigelb
100 ccm Mokkalikör
Zucker nach Bedarf
Vanillearoma

Die Eigelbe, den Likör und etwas Vanillearoma im Wasserbad erhitzen und dabei schaumigrühren. Nach dem Erkalten die Masse cremigschlagen und bei Bedarf etwas Zucker nachgeben. In Behälter füllen und einfrieren.

**Abwandlung:** Es kann nach und nach gesüsster Eischnee von 1–3 Eiweiss untergezogen werden, solange das Aroma kräftig genug bleibt.

**Weitere Möglichkeiten:** Für diese Art der Eiscreme-Bereitung eignen sich auch Eierlikör und Karamellikör wie auch Schokoladenlikör.

Zu einer Likör-Eiscreme für Erwachsene passt sehr gut auch eine leicht alkoholisierte Sauce von S. 15/16, flambiert oder mit Rum gewürzt.

## Nuss-Eiereiscreme

Abb. S. 33–35, D

3 Eigelb
100 g Haselnüsse
100 g Zucker
100 ccm Milch

Im Backofen oder in der Pfanne die Haselnüsse erhitzen und die braunen Häutchen abreiben. Die Nusskerne fein mahlen und mit dem Zucker in der Pfanne unter Bewegen mit dem Holzlöffel gleichmässig anrösten. Wenn der Zucker zu zerlaufen beginnt, die Milch dazugiessen und unter Rühren alles glattkochen. Hitze abschalten, 10 Minuten ziehen lassen. Falls störende Nussteilchen vorhanden sind, die aromatisierte Milch durchsieben oder durchfiltern (Kaffeefilter). Etwas abkühlen lassen. Die Eigelbe zufügen, im Wasserbad erhitzen und dabei schaumigrühren. Nach dem Erkalten die Masse cremigschlagen. In Behälter füllen und einfrieren.

**Weitere Möglichkeiten:** Statt der Haselnüsse können auch verwendet werden: Walnüsse (Baumnuss), Mandeln, Kokosflocken, geröstete Maronen (Esskastanien) und auch gebrannte Mandeln mit der Zuckerkruste. Wichtig ist, dass die Zutaten sehr fein zerkleinert oder nach dem Ausziehen in der Milch abgefiltert werden, damit keine krümeligen Teilchen den Genuss der Eiscreme stören.

## Bananen-Eiereiscreme, ohne Erhitzen

Rezept I, Abb. S. 33–35, L

3 Eigelb
100 g Zucker
100 g Bananen
oder etwas mehr
Zitronensäure
oder Vanillearoma

Die Banane(n) möglichst ohne zusätzliche Flüssigkeit pürieren oder durch ein Sieb streichen. Die Eigelbe mit dem Zukker schaumigschlagen und mit dem Bananenpüree zusammen cremigschlagen. Nach Geschmack säuerlich oder mit Vanille abschmecken. In Behälter füllen und einfrieren.

**Abwandlung:** Es kann nach und nach gesüsster Eischnee von 1–3 Eiweiss untergezogen werden, solange das Aroma kräftig genug bleibt.

## Bananen-Eiereiscreme

Rezept II

3 Eigelb
100 g Zucker
100 g Bananen
oder etwas mehr
100 ccm Milch
Zitronensäure
oder Vanillearoma

Milch und Banane(n) im Mixer oder mit dem Pürierstab fein zerkleinern. Die Eigelbe mit dem Zucker und der Bananenmilch im Wasserbad erhitzen und dabei schaumigrühren. Während des Abkühlens leicht rühren und nach dem Erkalten cremigschlagen. Mit Zitronensäure oder Vanillearoma nach Belieben und Geschmack abrunden. In Behälter füllen und einfrieren.

## Eiweiss-Schokoladen-Eiscreme, ungekocht

3 Eiweiss
100 g Zucker
1 EL Kakaopulver

Das Eiweiss mit dem Zucker zu einer cremigen Masse schlagen, dabei das Kakaopulver einrieseln lassen. In Behälter füllen und einfrieren. Das ist eine ganz schnelle Schokoladen-Eiscreme, die fast keine Arbeit macht. Auch ohne Sahne oder Milch ist sie von cremiger Beschaffenheit und zergeht schmelzend auf der Zunge. Sie wird besonders den Liebhabern herber Schokolade schmecken.

**Verfeinerung:** Mit einem kleinen Schuss Mokkalikör oder ein paar Tropfen Mokka-Essenz (S. 13) unter die Schlagmasse gerührt, wird eine **Mokka-Schokoladen-Eiscreme** daraus. Ein wenig Eierlikör hingegen tönt das Aroma lieblich.

## Eiweiss-Frucht-Eiscreme

Abb. S. 33–35, F–K

3 Eiweiss
½ Normalglas fruchtige Marmelade

Das Eiweiss zu steifem Schnee schlagen, mit der Marmelade zu einer cremigen Masse schlagen. In Behälter füllen und einfrieren.

**Möglichkeiten:** Es eignet sich für die Eiscreme-Bereitung am besten herzhafte säurehaltige Fruchtmarmelade aus Aprikosen, Sauerkirschen, Maulbeeren, Quitten, roten und schwarzen Johannisbeeren gemischt, Stachelbeeren, Kiwis, Ananas. Bei den beliebten Himbeeren und Erdbeeren wird etwas Zitronensäure das Aroma betonen.

Frucht-Eiscreme wird gern mit Schlagsahne gegessen oder für Eisbecher mit Früchten und einem Schuss Alkohol (Himbeergeist, Kirsch) verwendet und dann mit Sahne und Waffeln oder Baiser-(Meringue-)Gebäck verziert.

## Eiweiss-Fruchtsaft-Eiscreme

3 Eiweiss
100 g Zucker
100 ccm Fruchtsaft

Den Fruchtsaft mit dem Zucker aufkochen. Handelt es sich um Früchte, die nicht gut gelieren, der Saft also dünn bleibt und nicht sirupähnlich fliesst, so muss er mit etwas Mondamin oder Kartoffelmehl angedickt werden. Dazu in den Saft etwa ½ Teelöffel Mondamin einrühren und unter Rühren einmal aufkochen. Nach dem Erkalten wird die gefestigte Masse, die einem weichlichen Pudding ähneln soll, unter den steifgeschlagenen Eischnee gerührt und damit cremiggeschlagen. Bei Bedarf mit etwas Zitronensäure abrunden. In Behälter füllen und einfrieren.

# Tausend Möglichkeiten

**Das grosse Verwirrspiel**

So, verehrter Leser, bis jetzt war alles schön und sauber eingeteilt: aus Sahne konnte man Eiscreme machen, aus Milch, aus Eigelb oder Eiweiss und auch aus beiden gemischt.

Auf dieser Seite, die Sie natürlich auch künftig ignorieren können, möchte ich Sie mit der Tatsache verwirren, dass es in der Eiscreme-Bereitung fast so viele Möglichkeiten wie im Schachspiel gibt, denn man kann jedes mit allem mischen. Das Ergebnis ist immer wieder ein klein wenig anders und hat manchmal sogar einen eigenen Namen (Parfait, Halbgefrorenes, Eissoufflé, Schaumeis usw.). Sollten Sie jedoch die nachfolgenden grundsätzlichen Bedingungen für die «fortgeschrittene» Eiscremebereitung erkennen, wird Sie künftig nichts mehr verwirren können, und Sie werden noch viele Sorten von Eiscreme nach Ihrem ganz persönlichen Geschmack erfinden.

**Des Rätsels Lösung**

Es können alle Aromaträger, wie ich die Schlagsahne, den Milchschlagschaum, die Eiercreme und den Eischnee bezeichnen möchte, miteinander gemischt werden, und zwar in folgendem Zustand:

- Sahne, steifgeschlagen
- Milch, mit Schlagpulver steifgeschlagen
- Eigelb, mit schwachflüssigen Aromastoffen cremiggeschlagen
- Eigelb, mit flüssigen Aromastoffen im Wasserbad erhitzt und cremiggeschlagen
- Eiweiss, zu steifem Schnee geschlagen

Sie können also:

- **Sahne-Eiscreme** mit Eigelb färben oder noch verbessern, den Gehalt mit Milchschlagschaum oder Eischnee abschwächen
- oder im Wasserbad geschlagene **Eigelbmasse** nach dem Erkalten mit Schlagsahne anreichern oder mit Milchschlagschaum oder Eischnee auffüllen

- oder **Eiweiss-Eiscreme** mit Schlagsahne und/oder Eigelbmasse aufbessern oder mit Milchschlagschaum verlängern
- oder **Milch-Eiscreme** mit Schlagsahne und/oder Eigelbmasse aufbessern oder mit Eischnee lockern und verlängern.

Ganz zu schweigen davon, dass auch viele Aromazutaten miteinander gemischt und um ein paar Effekte ergänzt werden können. Die «vollen» sahnigen, süsslichen wie Vanille, Schokolade, Mokka, Karamel können untereinander zum Abrunden in kleiner Menge beigegeben werden oder mit Nüssen gemischt werden, wie man das von Schokoladeprodukten gewöhnt ist. Marzipanliebhaber werden auch einmal mit etwas in Milch cremig gerührter Marzipanmasse experimentieren. Zum markanten Unterstreichen dieser Aromastoffe kann ein Schuss passenden Likörs oder tropfenweise Essenz (S. 13) in Schlagmasse eingerührt werden. Diese kann immer wieder probiert und solange gewürzt werden, bis sie so schmeckt, wie Sie es sich wünschen. Ein wenig schwächer wird das Aroma durch das Gefrieren, das sollte eigentlich immer bedacht werden.

Die fruchtigen Aromazutaten kann man miteinander mischen, oder wenn ein reines Beerenaroma gewünscht wird, z. B. von Himbeeren, gibt man, weil sie ziemlich süss sind, nur tropfenweise Zitronensaft oder Stachelbeersaft dazu, um durch die Säure das Aroma zu heben. Durch Einrühren von sehr fein gehacktem Zitronat, Orangeade oder anderen kandierten Früchten gibt es ein buntes Eis mit überraschenden Geschmackseffekten. Frucht-Eiscreme kann durch passende Fruchtliköre, während des Schlagens der Masse zugegeben, oder durch Himbeer-, Birnen-, Zwetschgen- oder Kirschgeist aromatisch verändert werden.

Die Hauptsache für das Gelingen einer idealen Eiscreme ist auch hier die Beschaffenheit der Masse vor dem Einfrieren, siehe dazu S. 10.

# Eiscreme aus Quark

Quark ist dieser neu entdeckte, kalorienarme, eiweissreiche Gesundheitsspender, den es immer schon gab, dem man nur früher keine besondere Beachtung schenkte, als er noch wenig kostete und daher als billige Mahlzeit in leichtem Verruf stand. Er heisst auch Weisskäse, Bibiliskäs, Topfen und in etwas anderer Form Frischkäse und Schichtkäse. Wer aus gesundheitlichen Gründen viel Quark essen muss oder wer Quark bevorzugt und gern viel davon essen möchte, wird für eine Abwechslung im Quarkprogramm dankbar sein und eine Eiscreme daraus begrüssen. Ähnlich wie für Quarkspeise wird sie hauptsächlich mit Früchten aromatisiert und mit Früchten oder Fruchtsauce gegessen, die mit der Milchsäure des Quarks harmonieren. Aber die Quark-Eiscreme muss nicht immer süss sein. Sie kannn auch herzhaft mit Tomaten, Roter Beete, Avocado, Gurke, Melone u.a.m. vermischt und mit Pfeffer und Salz gewürzt sein und so als erfrischende Mahlzeit dienen. Ist die gefrorene Beschaffenheit beim Verzehr dieser pikanten Speise nicht erwünscht, lässt man die Masse vor dem Genuss auftauen und hat mit dem Einfrieren dann jedenfalls eine Haltbarmachung und Bevorratung erreicht. Da Quark allein sich nicht genügend luftig-schaumig aufschlagen lässt, muss man ein Lockerungsmittel zu Hilfe nehmen. Eiweiss würde den Diätlern sicher sehr entgegenkommen, aber leider fällt der Eischnee wieder zusammen, wenn die Quarkmasse dazugegeben wird. Da bleibt nur das Milchschlagpulver, auch wenn es ziemlich kalorienreich ist, das dann aber auch einen sagenhaften Erfolg bringt. Die Eiscreme wird cremig-sahnig von reicher Fülle und edlem Geschmack. Das Schlagpulver schafft es nicht, den Quark direkt aufzulockern, daher muss es zunächst mit Milch zu einem steifen Schaum geschlagen werden, dem dann der Quark und die Marmelade untergeschlagen werden.

A Gurken-Quarkeiscreme
B Aprikosen-Quarkeiscreme mit Aprikosen-Sauce
C Erdbeer-Quarkeiscreme mit Erdbeer-Sauce

**Arbeitsgänge in Kurzform:**

- ○ Milch mit Zucker und Schlagpulver steifschlagen
- ○ Quark und Marmelade darunterschlagen
- ○ In Behälter füllen und einfrieren (kein Rühren während des Gefrierens nötig!)

## Quark-Frucht-Eiscreme

Rezept I, Abb. S. 43–45, B/C

100 ccm Milch
darauf berechnet Schlagpulver
50 g Zucker
100 g Quark
100 g Marmelade

Die Milch mit dem Schlagpulver steifschlagen. Den Zucker, den Quark und die Marmelade zufügen und cremigschlagen. In Behälter füllen und einfrieren.

**Möglichkeiten:** Zur Verarbeitung mit Quark eignen sich besonders die herzhaften säuerlichen Früchte wie Aprikosen, Sauerkirschen, Maulbeeren, Preiselbeeren, rote und schwarze Johannisbeeren gemischt, Stachelbeeren, Quitten, Kiwis. Bei Erdbeeren und Himbeeren wird man das Aroma mit etwas Zitronensaft heben, der aber auch zusätzlich zu allen anderen Früchten verwendet werden kann und als Vitaminspender die Eiscreme bereichert.

**Abwandlung:** Durch ein wenig zusätzliche Arbeit lässt sich aus der Quark-Eiscreme eine kleine Spezialität zaubern: 1 Esslöffel der gewählten Marmelade mit 1 Esslöffel Zucker verrühren und nach 3–4 Stunden, wenn die Eismasse bereits gut angefroren ist, leicht durch ein paar Drehungen mit der Gabel darunterziehen. Durch den zu hohen Zuckergehalt bleibt die Marmelade weich und gibt der Eiscreme einen überraschenden Effekt.

## Quark-Frucht-Eiscreme

Rezept II

100 ccm Milch
darauf berechnet Schlagpulver
50 g Zucker
100 g Quark
100 g frische Früchte
100 g Zucker

Die Früchte mit der gleichen Menge Zucker im Mixer oder mit dem Pürierstab fein zerkleinern oder gekocht durch ein Sieb streichen, abkühlen lassen. Die Milch mit dem Zucker und dem Schlagpulver zu steifem Schaum schlagen. Den Quark mit der Fruchtmasse vermengen und mit dem Milchschlagschaum cremigschlagen. In Behälter füllen und einfrieren.

**Abwandlung:** Etwa 200 g Früchte mit 200 g Zucker kurz aufkochen, den Saft absieben und nach dem Erkalten für die Eiscremebereitung verwenden. Die Früchte gesondert in einem Behälter (Beutel) einfrieren. Wenn die Eiscreme gegessen werden soll, die Früchte etwas eher auftauen und als Beilage dazugeben.

## Quark-Fruchtsaft-Eiscreme

100 ccm Milch
darauf berechnet
Schlagpulver
100 ccm Saft
100 ccm Zucker
100 g Quark

Den Fruchtsaft mit dem Zucker sirupähnlich dicklichkochen, abkühlen. Die Milch mit dem Schlagpulver steifschlagen. Mit dem Fruchtsirup und dem Quark cremigschlagen. In Behälter füllen und einfrieren.

**Hinweis:** Je trockener der Quark ist, desto besser lässt sich der Sirup einarbeiten. Sollten grössere Mengen Saft oder Fruchtmus zum Untermischen gewünscht sein, als das Rezept angibt, lässt sich auch das machen. Der Saft muss in diesem Falle mit etwas Mondamin oder Kartoffelmehl puddingähnlich angedickt werden. Erkaltet und gefestigt, lässt er sich dann gut mit dem Quark vermengen und tritt auch während des Gefrierens nicht wieder aus.

## Quark-Rhabarber-Eiscreme

100 ccm Milch
darauf berechnet
Schlagpulver
100 g Rhabarber
100 g Zucker
oder mehr
1 TL Mondamin
100 g Quark

Den Rhabarber mit dem Mondamin und dem Zucker unter Rühren aufkochen; er muss recht süss sein. Im Mixer fein pürieren, abkühlen. Die Milch mit dem Schlagpulver steifschlagen. Mit dem Rhabarberpudding und dem Quark cremigschlagen.

**Tip:** Probieren Sie doch einmal diese Creme unter ganz neuem Aspekt, nämlich, ob sie nicht auch ungefroren schon hervorragend schmeckt.

## Pikante Quark-Eisspeise

Abb. S. 43–45, A

100 ccm Milch
darauf berechnet
Schlagpulver
100 g Quark
100 g grüne Gurke
⅓ TL Salz
1 Prise Pfeffer
1 EL gehackte Kräuter

Die grüne Gurke mit der Schale im Mixer oder mit dem Pürierstab fein zerkleinern, dabei die Kräuter mitlaufen lassen, damit sie später nicht in faserigen Stücken beim Verzehr stören. Notfalls die Masse durchsieben. Den Quark zugeben und mit Salz und Pfeffer abschmecken. Die Milch mit dem Schlagpulver steifschlagen, dann mit der Quarkmasse cremigschlagen. In Behälter füllen und einfrieren.

**Abwandlung:** Nach Geschmack kann diese Eiscreme mit etwas Zitronensaft oder auch mit Zwiebel gewürzt werden. Mit frischem, rohem Gemüse garniert (Stifte von Mohrrüben, Kohlrabi, Gurke, Melone, Radieschen, Rettich, grüner und roter Paprika oder Zwiebelringe), auf grünem Salat angerichtet, stellt diese Speise schon eine kleine Mahlzeit dar.

**Weitere Möglichkeiten:** Statt Gurke können für die Quark-Eisspeise auch Tomaten, Rote Beete, Melonen, Paprikaschoten, Avocado usw. verwendet werden.

# Wassereis

Wasser, in Form von Fruchtsaft, Fruchtmus oder Wein ist die Grundlage der folgenden Eisspeisen. Sie sind kalorienarm, bei guten Zutaten Vitaminspender und besonders billig, aber die Herstellung ist etwas schwieriger, wenn man eine «essbare» Eisspeise anstrebt. Saft, normal gesüsst, nur in das Gefrierfach gestellt, würde steinhart gefrieren, wie das z. B. bei bunten Eiswürfeln (S. 53) beabsichtigt ist, die man aber nicht essen, sondern nur zum Kühlen und Aromatisieren von Getränken benützen wird.

Ein Wassereis von leichterer Beschaffenheit zum Essen oder für ein Sorbet muss ausnahmsweise während des Gefrierens eine Zwischenbehandlung erfahren. Die Wasserfruchtmasse (Saft) stellt man im Schlagbecher in das Gefrierfach. Nach 3–4 Stunden, wenn die Masse schon gut angefroren ist, wird sie kräftig durchgeschlagen, in Behälter gefüllt und sofort wieder in das Gefrierfach zurückgestellt. Bei zügiger Arbeit wird das Wassereis nicht auftauen und in dem jetzt lockeren Zustand festfrieren. Auch so ist diese Eisspeise noch nicht jedermanns Geschmack, denn sie ähnelt am ehesten einem Firnschnee (Harsch) mit Geschmack. Strebt man eine pastöse, glatte Beschaffenheit an, schlägt man zunächst 1–2 Eiweiss mit Zukker zu steifem Schnee und fügt dann das angefrorene Wassereis dazu, um alles kurz, aber kräftig durchzuschlagen und weiterzufrieren. Am unkompliziertesten ist es, wenn das wässrige Ausgangsprodukt (z. B. Saft) mit ein wenig Mondamin oder Kartoffelmehl puddingähnlich angedickt und nach dem Auskühlen mit einem Eiweiss schaumiggeschlagen wird. Da kann nichts schiefgehen; man kann schon wieder «Eiscreme» zu dieser gaumengefälligen Speise sagen, mit einer Fülle, wie man sie einem Wassereis nicht zutraut. Bei dieser Masse entfällt auch das Rühren während des Gefrierens.

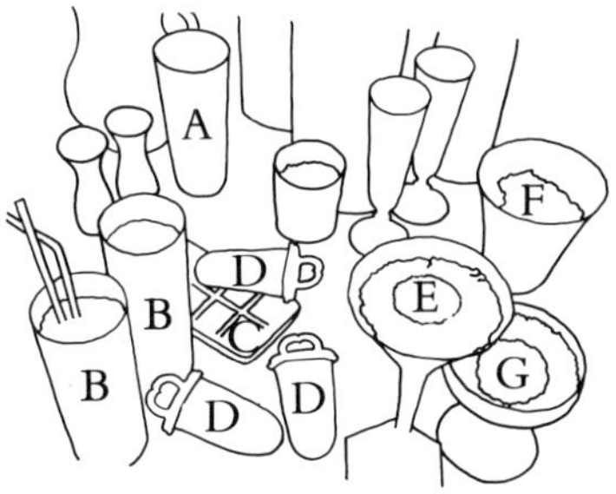


A Kaffee
B Tee
C Bunte Eiswürfel
D Eis am Stiel
E Zitronensorbet mit Champagner
F Apfelsorbet mit Cassis-Sirup
G Erdbeersorbet

Von Kindern wird Wassereis bevorzugt, aber es ist auch Ausgangsmaterial für ein erfrischendes Sorbet, das mit gekühltem Tee, Saft oder trockenem Weisswein, für höchste Ansprüche sogar mit Champagner aufgegossen wird.

Bei dieser Herstellung nach unterschiedlicher Methode kann man nicht die Beschaffenheit der Masse vor dem Schlagen als Massstab für die Qualität der Eiscreme setzen, man wird vorzugsweise auf den richtigen Zuckergehalt achten und geht auch hier nach dem Geschmack: wenn die Masse Ihnen ein wenig zu süss erscheint, dann ist sie richtig.

**Arbeitsgänge in Kurzform:**

- ○ Gesüssten Saft im Schlagbecher 3–4 Stunden anfrieren
- ○ Masse schlagen, eventuell mit Eischnee, in Behälter füllen und weiterfrieren

**oder**

- ○ Gesüssten Saft mit Mondamin andicken, auskühlen
- ○ Mit 1–2 Eiweiss cremigschlagen
- ○ In Behälter füllen und einfrieren (kein Rühren während des Gefrierens nötig!)

Und wenn Sie mit dem Wassereis ein wenig herumexperimentieren müssen, dann denken Sie daran: Es ist schon immer ein bisschen schwieriger gewesen, aus nichts etwas zu machen.

## Klares Wassereis

Gesüsster Fruchtsaft

Den gut gesüssten Fruchtsaft in den Schlagbecher füllen und in das Gefrierfach stellen. Nach 3–4 Stunden prüfen, ob er schon merklich angefroren ist. Erst wenn die Masse ein brüchiges Eis darstellt, alles noch einmal kurz, aber kräftig mit dem Rührgerät durchschlagen, in flache Behälter füllen und sofort wieder in das Gefrierfach zurückstellen. Eventuell den Vorgang wiederholen. Sollte das Ergebnis nicht zufriedenstellend sein, ein Eiweiss mit etwas Zucker zu steifem Schnee schlagen, dann mit der Eismasse verschlagen und sofort zum Gefrieren zurückstellen.

**Verwendungszweck:** Dieses sehr leichte Wassereis ist das eigentliche Sorbet. Es kann mit gedünsteten Früchten als Dessert gegessen werden oder gilt, mit Fruchtsaft, Weisswein oder Champagner aufgegossen, als exklusives Getränk. Es eignet sich, wenn man die entsprechenden Förmchen besitzt (Tupper), für «Eis am Stiel» (Abb. S. 49–51, D) wie die allererste Kollektion von Eiscreme mit «Anfasser» hiess.

**Möglichkeiten:** Für Wassereis eignet sich jeder Fruchtsaft nach Ihrem Geschmack, aber auch Weisswein (besonders für Champagner-Sorbet) und auch Rotwein, wenn ein Sorbet z. B. mit Sangria aufgegossen werden soll.

## Bunte Eiswürfel

Abb. S. 49–51, C

Gesüsster Fruchtsaft nach Wahl von:
Zitrone
Apfelsine
Pampelmuse
Ananas
Sauerkirschen
Erdbeeren
Himbeeren
Quitten
Birnen
Stachelbeeren
Holunderbeeren
Maulbeeren
Johannisbeeren
usw!

Den Saft, so gesüsst, wie er zum Trinken gut schmecken würde, in den Eiswürfelbereiter (S. 49–51, C) füllen und in das Gefrierfach stellen. Wünscht man Eiswürfel von unterschiedlichem Geschmack, so braucht man einen Eiswürfelbehälter mit durchgehenden, unten geschlossenen Kammern, damit der Saft dort nicht zusammenläuft.

**Verwendungszweck:** Diese Eiswürfel dienen zum Kühlen eines Getränks, das noch eine Spur Fruchtaroma vertragen kann wie alle Trinksäfte, manche Longdrinks, Bowle, Sangria, Frucht-Milchmix, Eistee u.a.m. Es spricht auch nichts gegen Pfefferminz-Eiswürfel (frische Minze in Wasser einmal zum Kochen bringen, abschalten, 10 Minuten ziehen lassen, absieben, auskühlen), über welche der Whisky gegossen eine ganz besondere Note erhält. Es darf auch ruhig ein frisches Blättchen in jedem Würfel miteingefroren werden.

Es können normaler schwarzer oder gesüsster Kaffee und Tee zu Eiswürfeln gefroren werden, um einen Eiskaffee oder -tee (S. 58) noch intensiver zu kühlen.

Übrigens kann man zum Kühlen von Milchgetränken auch Milch-Eiswürfel herstellen, pur oder mit Geschmack, wie z. B. Schokolade, Mokka, Karamel, Vanille für liebliche Getränke, aber auch mit Obst- und Beerensäften zum Kühlen und Aromatisieren von Frucht-Milchmix-Getränken.

Und nicht zuletzt sind diese Eiswürfel auch gut für die Eiscreme-Bereitung geeignet, weil man damit z.B. vorteilhaft die Schlagsahne vorkühlen kann, wodurch sie im Gefrierfach schneller erstarrt. Bei diesem Vorgehen muss jedoch der Flüssigkeitsanteil des Würfels bedacht werden.

## Cremiges Fruchteis

100 ccm Fruchtsaft
100 g Zucker oder mehr
1 geh. TL Mondamin
1 Eiweiss

Den Saft mit dem Zucker und dem Mondamin in einem Topf unter Rühren einmal aufkochen, abkühlen. In den Schlagbecher füllen, ein Eiweiss dazugeben, und die Masse cremigschlagen. In Behälter füllen und einfrieren. Kein Umrühren während des Gefrierens nötig.

**Verwendungsmöglichkeit:** Dieses Wassereis lässt sich wie eine sahnige Eiscreme essen und eignet sich sehr gut für Eisbecher, aber auch für Kindereis wie «Eis am Stiel».

## Cremiges Punscheis

100 ccm Wasser
100 g Zucker
1 geh. TL Mondamin
1 Gläschen Rum oder Arrak
1 Eiweiss

Das Wasser mit dem Zucker und dem Mondamin im Topf unter Rühren einmal aufkochen, auskühlen. Den Rum oder Arrak und das Eiweiss zugeben, und die Masse cremigschlagen. In Behälter füllen und einfrieren. Kein Umrühren nötig.

**Verwendungsmöglichkeit:** Das Punscheis kann pur gegessen oder mit gekühltem Punsch (Rum- oder Arrakwasser) aufgegossen werden.

**Abwandlung:** Sie können das angedickte Zuckerwasser mit jedem Aroma nach Ihrem Geschmack würzen, selbst mit 2 Esslöffeln Pernod, und später mit dem Getränk aufgiessen.

## Cremiges Kaffee-Eis

100 ccm schwarzer Kaffee
100 g Zucker
1 geh. TL Mondamin
1 Eiweiss
Vanillearoma

Den Kaffee mit dem Zucker und dem Mondamin unter Rühren einmal aufkochen, abkühlen. Ein Eiweiss dazugeben, und alles cremigschlagen. Eventuell mit etwas Vanillearoma würzen. In Behälter füllen und einfrieren. Kein Umrühren nötig. Dieses Wassereis ist leicht, kalorienarm und billig. Ein Versuch wird Ihnen zeigen, dass seine Beschaffenheit und Aromafülle an Milch- oder Sahne-Eiscreme fast heranreicht. Ebenso wie beim nächsten Rezept:

## Cremiges Schokoladen-Eis

100 ccm Wasser
1 TL stark entölter Kakao
100 g Zucker
1 geh. TL Mondamin
1 Eiweiss
Vanillearoma

Das Wasser mit dem Kakaopulver, dem Zucker und dem Mondamin unter Rühren einmal aufkochen, auskühlen. Das Eiweiss gesondert zu Schnee schlagen, die Schokoladenmasse dazugeben, und alles cremigschlagen, eventuell mit etwas Vanillearoma abrunden. In Behälter füllen und einfrieren. Kein Umrühren nötig. Fetthaltiger Kakao ist nicht geeignet, weil der Eischnee durch den Fettgehalt zusammenfällt.

# Spezialitäten

Da Sie nun nach den vorangegangenen Rezepten so viele Sorten feinster Eiscreme auf spielend leichte Weise herstellen können und vielleicht auch schon Ihre Favoriten herausgefunden haben, ist nichts einfacher, als diese zu einer der nachfolgenden Spezialitäten zusammenzustellen.

Mit einer Eistorte können Sie den Nächsten lieben wie sich selbst, denn sie reicht für viele. Eisbombe, Eismeringue, verschiedene Coupes, Eis-Kaffee, -Tee und -Milch werden nicht nur Ihre eigene Begeisterung ernten (mit Eiscreme hat man immer Freunde). Unterschiedliche Garnierungen geben der Kreation immer wieder ein anderes Gesicht, und wenn Ihnen gar nichts Neues mehr einfällt, schauen Sie doch einfach einmal auf das Programm unserer grossen Eiscreme-Hersteller. Auch Sie können Konfitüre oder Creme unter die angefrorene Masse ziehen, Fruchtstückchen mit einfrieren und mit etwas Geschicklichkeit auch einen Karamel- oder Schokoladenmantel um die fertigen Eiscremeportionen bringen. Mit ein wenig Kochschokolade (Couverture) oder Karamelmasse, einer Sauce von S. 15/16 und Ihrer eigenen Phantasie können Sie vielleicht noch viel mehr.

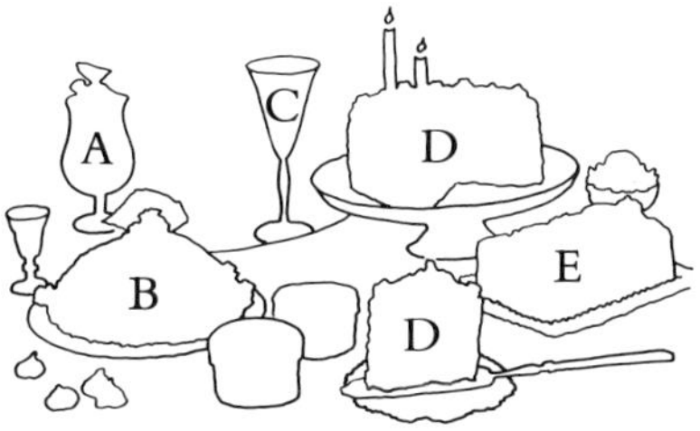


A Fruchtdurchzogene Eiscreme
B Eisbombe
C Eiskaffee
D Eistorte
E Fürst-Pückler-Eis

## Eisbombe

Abb. S. 55–57, B

Zwei Sorten Eiscreme nach Wahl
Garnierung

Die Eisbombe soll einen «Kern» besitzen und einen anders gefärbten und auch geschmacklich unterschiedlichen «Mantel». Am einfachsten lässt sich das erreichen, wenn man zwei ähnliche Formen zur Verfügung hat, von denen die kleinere gut in die grössere passt und noch rundherum etwa zwei Finger breit Platz lässt. In diesem Falle lässt man zunächst in der kleineren Form eine Eiscreme nach Wahl fest werden, stürzt sie heraus, stellt sie in die Mitte der grösseren Form und giesst in den Freiraum rundherum die vorbereitete Masse für den Mantel. Man kann aber auch die Bombenform (jeder Plastikbehälter in hoher Schüsselform ist geeignet) mit Eiscreme-Masse halbvoll füllen, nach dem Anfrieren (ca. 4 Std.) als Mantel an den Rand der Form drücken und bis nach oben ziehen. In den Innenraum die Masse für den Kern füllen. Nach dem Gefrieren ist die Bombe fertig. Sie wird auf eine Platte gestürzt, mit Sahne garniert, mit Schokoladenraspeln oder Früchten verziert und wie eine Torte aufgeschnitten.

**Abwandlung:** In den Kern können gehackte Nüsse, feingehackte kandierte Früchte oder Schokoladenstückchen eingerührt werden, oder man durchzieht ihn interessant nach Angaben von Seite 42 oder Seite 55. Wer die Mühe nicht scheut, kann den Kern nach dem Gefrieren auch mit einem Schokoladenmantel überziehen und nach dessen Festwerden im Gefrierfach erst die letzte Schicht als Mantel darumfüllen.

## Eiskaffee

Kaffee
Zucker
Eiscreme
Schlagsahne

Einen kräftigen Kaffee herstellen, noch heiss lieblich süssen (auch wenn man Kaffee sonst ohne Zucker trinkt) und im Kühlschrank sehr gut kühlen. In ein hohes Glas 1–2 Portionskugeln Eiscreme setzen (Vanille, Karamel, Mokka, Schokolade), mit dem kalten Kaffee übergiessen. Wenn vorhanden, noch 1–2 Kaffee-Eiswürfel (S. 53) einlegen und das Ganze mit einer Sahnehaube krönen. Eiskaffee wird mit langem Stiellöffel und Strohhalm gereicht.

**Abwandlung:** Rüdesheimer Eiskaffee wird aus diesem Erfrischungsgetränk, wenn ein Gläschen Asbach uralt dem kalten Kaffee zugefügt wird. Eismilch, wenn süsse gekühlte Milch aufgegossen wird, Eis-Tee mit gekühltem Tee.

## Meringue glacé

Baiser-Gebäck (Meringue)
Eiscreme
Schlagsahne
Garnierung

Die Meringuemasse nach dem Rezept von Seite 14 herstellen, in einen Spritzbeutel mit grosser Sterntülle füllen. Ein Backblech mit Backfolie auslegen, diese zusätzlich einfetten. Für Schiffchenform einen Streifen von etwa 8 cm Länge spritzen und Tupfen rundherum anspritzen. Für Törtchen vom Mittelpunkt ausgehend zunächst schneckenförmig den Boden spritzen, dann grosse Tupfen auf die letzte Partie setzen, die den erhöhten Rand darstellen. Für Schneckenform hohe Tuffs spritzen mit einem Durchmesser von etwa 5–6 cm. Bei 100 Grad 2–3 Stunden backen. Die Schiffchen der Länge nach mit kleinen Portionskugeln Eiscreme besetzen und garnieren. Die Törtchen mit Eiscreme füllen und verzieren. Die Schneckenform etwas aushöhlen, Portionskugel einfüllen und eine zweite Meringue dagegendrücken. Verzieren.

## Fürst-Pückler-Eis

Abb. S. 55–57, E

Vanille-, Erdbeer-, Schokoladen-Eiscreme

Diese Spezialität stellt man zweckmässigerweise in drei Anläufen her, damit jede Eiscreme-Sorte ein paar Stunden (oder länger) anfrieren kann. In eine längliche Blechform (Königskuchenform) zunächst eine Vanille-Eiscreme-Masse nach Ihrer Wahl einfüllen, ins Gefrierfach stellen. Nach dem Festwerden als nächstes eine Erdbeer-Eiscreme-Masse zubereiten und daraufgiessen, glattstreichen, einfrieren. Als Abschluss eine Schokoladen-Eiscreme-Masse daraufstreichen und weiterfrieren. Wenn auch diese fest ist, ist das Fürst-Pückler-Eis fertig.

Sollen nur wenige Portionen entnommen werden, kann es in der Form in dicke Scheiben geschnitten werden. Hat man Anlass, die ganze Menge anzubieten, wird die Blechform kurz in heisses Wasser getaucht, die Eiscreme auf eine längliche Platte gestürzt und schnell mit etwas Schlagsahne hübsch verziert und mit ein paar Früchten oder Schokoladeraspeln garniert.

**Abwandlung:** Legt man vor dem Eingiessen der ersten Eiscreme-Masse eine Schicht Waffeln in die Form und auch eine Schicht auf die letzte Partie Eiscreme, kann später, in Stücke geschnitten, ein Waffeleis daraus werden. Für diesen Zweck ist eine grössere Form (oder zwei kleinere) angebracht, damit die Eiscreme-Waffeln eher breit als hoch sind.

## Eistorte

Abb. S. 55–57, D

1 Biskuitboden
zwei Eiscremesorten nach Wahl
Garnierung

Einen Biskuitboden so aufschneiden, dass man drei dünne Böden erhält. Den ersten in die vorgesehene Blechform legen (Springform, wenn sie gut schliesst) und die erste Eiscreme-Masse daraufgeben, glattstreichen, einfrieren. Nach dem Festwerden den zweiten Boden auflegen und eine weitere Eiscreme-Sorte einfüllen, glattstreichen. Nach dem Festwerden den letzten Biskuitboden auflegen, mit Schlagsahne, Schokoladenraspeln o. ä. garnieren und bis zum Verbrauch einfrieren. Nach dem Gefrieren der Garnierung die Torte mit einer Folie dicht abdecken oder in einen Gefrierbeutel stecken, damit sie nicht austrocknet.

**Tip:** Wenn Sie eine breite Tortenform wählen und dennoch hohe Eiscreme-Schichten wünschen, muss das Originalrezept vielleicht verdoppelt werden.

**Abwandlung:** Ganz nach Geschmack kann auf einen (oder mehrere) Biskuitboden eine leicht übersüsste Konfitüre aufgestrichen werden. Es ist auch möglich, statt der Biskuitböden im Waffeleisen gebackene runde Waffeln zum Trennen der Eiscreme-Schichten zu verwenden, sie werden jedoch leicht etwas weichlich.

## Coupe «Zur Feier des Tages»

Vanille-, Karamel-, Mokka-, Schokolade- und Eierlikör-Eiscreme nach Vorrat
Sauce von S. 15/16
Schlagsahne
Garnierung

In einem weiten Glas die Eiscreme-Portionen gefällig anordnen. Eine der Saucen von Seite 15/16 (ausser der Apfelsinen-Zitronen-Sauce) in gekühltem Zustand darübergeben, eventuell als Krönung eine Eiscreme-Kugel mit Schokoladenmantel überziehen, in die Mitte setzen und mit Schlagsahne verzieren. Mit Schokoladenraspeln garnieren.

## Champagner-Sorbet

Weinwassereis
Champagner

Ein Wassereis nach dem Rezept von Seite 49 aus trockenem Weisswein herstellen. Es darf etwas «harschig» sein, deshalb kann man auf Eiweiss verzichten, das vielleicht später das Getränk trübt. In ein hohes Glas eine Portion Weinwassereis (Sorbet) geben. Zunächst mit etwas Champagner zerstossen, danach das Glas damit auffüllen.

# Zu guter Letzt bunte Tips

Wenn Sie sich demnächst einmal in einem einschlägigen Geschäft oder der Haushaltsabteilung eines Warenhauses gezielt umsehen, werden Sie staunen, wie gross das Angebot an Formen ist, die für Backwerk oder Puddingherstellung gedacht, aber auch genausogut für die Eiscreme-Bereitung geeignet sind. Ausser den bereits empfohlenen viereckigen Plastikbehältern können natürlich auch alle anderen Gefässe benutzt werden, die Frost vertragen (kein Glas, weniger gut Porzellan). Man muss nur bedenken: je grösser das Gefäss, desto länger die Gefrierzeit. Das bedeutet, dass sich aus einer weichen Schlagmasse eventuell Flüssigkeit nach unten absetzen kann, wenn das Gefrieren zu lange dauert. Ausserdem ist die Eiscreme nicht so schnell gebrauchsfähig.

All die beschichteten Metallformen zum Backen kommen auch für die Eiscreme-Bereitung wie gerufen: Mit der gerippten Rehrückenform bekommt das Fürst-Pückler-Eis ein neues Gesicht, die Eisbombe kann auch aus der gerillten Puddingform gestürzt werden, und kleine Portionsförmchen für alle vermeiden jeden Streit.

Auflauftöpfchen aus Steingut haben einen weiteren Vorteil: sie sind backofenfest. Zunächst wird die Eiscreme darin eingefroren. Vor dem Verzehr wird der Backofen gut vorgeheizt, dann ein steifer, gut süsser Eischnee etwa fingerdick auf die Eiscreme gestrichen und das Ganze kurz überbacken, bis die Oberfläche etwas Farbe annimmt. Das muss alles schnell gehen, damit die Eiscreme nicht auftaut. Aber auch ohne Überbacken sind diese Töpfchen praktisch, da sie aus dem Kühlfach direkt auf den Tisch kommen können. Grosse flache Muscheln, wie man sie gern für Krabbensalat benutzt, können ebenfalls mit Eiscreme gefüllt werden, sogar mit verschiedenen Sorten nebeneinander.

Alle die vorgenannten Formen können offen eingefroren werden, sollten aber nach dem Festwerden in einen Gefrierbeutel kommen und gut verschlosen werden, weil die Eiscreme sonst austrocknet. Kochschokolade (Couverture) bis zum Zerlaufen erwärmen und etwas auskühlen, aber nicht wieder erstarren lassen. In diesem Grad der Dickflüssigkeit eignet sie sich zum Garnieren von Eiscreme-Portionen, indem man in dünnem Lauf kreisförmige Spuren, Schleifen oder Zickzacklinien darüberzieht. Ein Auflauftöpfchen oder eine Muschelform mit fester Eiscreme kann auch ganz damit überzogen werden, danach zum Weiterfrieren zurückstellen. Will man einzelne Portionskugeln dekorativ mit einem Schokoladenmantel überziehen, setzt man zwei bis drei Kugeln nebeneinander auf ein Kunststoffbrett, lässt die Schokolade darüberlaufen und stellt sie wieder ins Gefrierfach zurück, um die nächste Partie vorzubereiten. Nach dem Festwerden können diese Dekorationskugeln in einen Gefrierbeutel oder in einen verschliessbaren Behälter umgefüllt werden.

Unter der Bezeichnung Cassata versteht man nicht überall das gleiche, auf jeden Fall ist es immer etwas recht Buntes. In eine 3–4 Stunden angefrorene Vanille-Eiscreme-Masse rührt man Zitronat, Orangeade, kandierte Kirschen und andere Früchte, Mandeln und Rosinen, alles kleingehackt, ein. Unter weiche Schlagmasse gemischt, könnten die schweren Teilchen nach unten sinken.

Wenn Sie oft genug die Schlagmasse auf Aroma und Zuckergehalt probiert haben, werden Sie wissen, wie gut diese Creme auch ohne Gefrieren schmeckt. Sie könnte als Spezialität vielleicht Eingang in Ihre Back- und Kochpläne finden. Für baldigen Gebrauch, z. B. als Dessert mit Früchten oder als Guss über Obsttorte, hält sie sich lange genug steif. Damit sie ihren Stand auch länger behält, z. B. als Füllung für eine Biskuittorte für den nächsten Tag, für Meringue-Törtchen, Windbeutel und Liebesknochen (Eclairs), ist das Einrühren von etwas aufgelöster Gelatine erforderlich.

Sollte, wodurch auch immer, einmal ein Versuch nicht Ihre volle Zustimmung finden, weil Sie eine andere Vorstellung davon oder heute gerade keine glückliche Hand dafür hatten, dann geben Sie ihm mutig einen gewagten Namen und bieten das Ganze trotzdem an. Nennen Sie es einfach «Soufflé oder Glacé surprise», und die Überraschung wird vielleicht noch ein voller Erfolg.